Daniel ICHBIAH

DEVENIR YouTubeur

TOUS LES CONSEILS POUR BIEN DÉBUTER ET CARTONNER SUR YOUTUBE !

omaké books

TABLE DES MATIÈRES

Chapitre 1 : Partir du bon pied **6**

Vous avez de la chance ! 6

De l'importance de bien définir sa thématique... 8

Comment créer une chaîne YouTube ? 11

De l'importance du nom de votre chaîne... 12

Créer sa première vidéo 14

Comment développer une première audience ? 15

Lancez-vous des défis pour vous motiver ! 17

Que faire si l'on regrette d'avoir mis une video en ligne ? 17

Pourquoi faire valider son compte YouTube ? 18

Chapitre 2 : Comment se démarquer ? **19**

Comment se démarquer ? 19

Le statut de comédien 20

Écrire le script de sa vidéo 21

- *Une idée de départ* 22
- *L'importance de l'identification* 22
- *Surfer sur l'actualité* 24
- *Séquence émotion* 25

Ce qu'il ne faut jamais faire 25

Ayez conscience de vos ressources, de votre matériel ! 26

- *Storyboard* 26
- *Faites des vidéos courtes !* 27
- *Pourquoi le montage est essentiel ?* 27
- *Disposer d'un ordinateur* 27
- *Les logiciels de montage gratuits* 28
- *Toujours améliorer la qualité de la réalisation !* 28

De l'importance d'avoir une publication très régulière 30

Faites vivre votre vidéo ! 31

Répondre aux commentaires 31

Foncez sur les réseaux sociaux ! 31

Comment gérer les trolls ? 32

Incitez ouvertement les spectateurs à s'abonner 34

Créer des playlists 35

Focus : quelques notions basiques de montage vidéo 37

Chapitre 3 : Optimiser ses vidéos et sa chaîne YouTube...41

Comment optimiser ses vidéos et sa chaîne YouTube ? 41

Les quatre sources de visites principales 42

Le moteur de recherche de YouTube 42

La colonne de droite de YouTube 43

Le moteur de recherche de Google 43

L'importance des Titres, descriptions et mots-clés 44

Le titre de la vidéo 44

Description 45

Abusez des Mots clés ! 47

Pourquoi ajouter des sous-titres ? 48

Utilisez les Fiches et les écrans de fin 49

L'importance de la miniature 50

Créer sa propre miniature 50

Ajouter un titre dans l'image 52

Charger la miniature sous YouTube 52

Du texte, du texte et encore du texte... 54

Consulter les avis et les notations 55

Trépied et Gorilla Pod 56

Selfie stick 56

Trépied de caméra 57

Attention au son ! Utilisez absolument un Micro externe !! 57

Pensez à l'éclairage ! 59

Utilisez un écran/fond vert ! 61

Soignez la prise originale ! 62

Un seul mot d'ordre : faites ce qui vous plaît ! 65

Combien gagne-t-on quand on est YouTubeur ? 66

Comment monétiser sa chaîne ? 67

Associer un compte Adsense à sa chaîne YouTube – guide pas à pas 68

Commencer à recevoir de l'argent 72

Activer les annonces pour plusieurs vidéos 73

Les paiements effectifs 73

Comment déclarer au fisc les revenus issus de YouTube ? 74

Focus : cadrage et composition ! **63**

Conclusion **75**

Focus : attention danger ! Les droits d'auteur ! **77**

Daniel ICHBIAH

DEVENIR YouTubeur

TOUS LES CONSEILS POUR BIEN DÉBUTER
ET CARTONNER SUR YOUTUBE !

omaké books

Chapitre 1

Partir du bon pied

VOUS AVEZ DE LA CHANCE !

Il fut un temps où les jeunes rêvaient d'être guitariste dans un groupe de rock, tennisman, créateur de start-up... Ou bien encore, ils ambitionnaient de créer un jeu vidéo mythique, de contribuer à la lutte contre le changement climatique. Ces aspirations existent toujours et sont plus que louables. Toutefois, il faut le reconnaître, de nos jours, s'il est une position enviée par bien des adolescents, c'est celle du YouTubeur.

Que dire ? L'exemple de Cyprien, de Norman, de Zoella, d'Andy ou de Joueur Du Grenier a de quoi faire rêver. Tous ont démarré de la manière la plus simple qui soit, en se filmant dans leur chambre ou dans des conditions sommaires. Et ils se sont imposés à toute une génération qui les a reconnus comme faisant partie des leurs. C'est le public qui les a choisis et nous avons là un fait totalement nouveau.

Dans l'Histoire, cela n'a jamais existé auparavant... N'importe qui, depuis chez lui, avec un simple smartphone au départ, et un certain talent dans un domaine, peut se faire connaître auprès de centaines de milliers d'anonymes. De plus, la vidéo que vous venez à peine de terminer peut être visionnée à peine quelques minutes après par tout le monde ! Et quelques minutes plus tard, vous pouvez déjà profiter de leurs réactions en direct !

Si nous remontons en arrière, par exemple aux alentours de l'année 2000, quels moyens existaient-ils pour celui qui voulait se faire connaître en tant qu'humoriste ou chanteur ? Il lui fallait aller de producteur en producteur, présenter ses œuvres, s'entendre dire que 'désolé, ce que vous faites n'est pas dans l'air du temps' ou 'ce que vous faites est trop segmentant' (NDA : ne plaira pas forcément à tout le monde), voir ses créations rejetées par des « experts » donneurs de leçons ?

Depuis le 23 avril 2005, la donne a changé. Telle est la date où la première vidéo a été publiée sur YouTube. Acquis par Google l'année suivante, ce site a permis à n'importe qui de partager ses clips avec des personnes du monde entier. Il est rapidement devenu la destination n°1 pour la vidéo en ligne, au détriment du vaillant DailyMotion, et attire aujourd'hui 1,3 milliard d'utilisateurs réguliers, qui visionnent près de 5 milliards de clips par jour (chiffres 2017).

La force de YouTube mais également d'autres supports comme DailyMotion, c'est de vous avoir donné la parole à vous, internaute. C'est vous-même qui produisez le contenu. C'est vous-même qui proposez au monde vos œuvres. Et ce sont des gens comme vous et moi qui jugent, pas des spécialistes du marketing à même de se gargariser de leurs 'études de marchés'. Eh oui... Sur YouTube, chacun part avec la même chance. Le cas du clip Gangnam Style est édifiant. Qui sait si Psy aurait trouvé une maison de disques pour publier sa chanson hors de Corée ? Dans la pratique, cet inconnu a réussi à faire mieux qu'Adèle ou Katy Perry !

Eh oui... Par la force des choses, YouTube est devenu un accélérateur de carrière. Vous ne le savez peut-être pas, mais la pop star Justin Bieber a été repérée lorsqu'un producteur en quête de nouveaux talents l'a vu chanter sur YouTube. En France, l'acteur Max Boublil s'est initialement fait repérer par quelques clips audacieux. Norman, au fil de ses modestes vidéos, est devenu une star du stand-up dans la vie réelle, remplissant le Zénith et autres salles dès 2016.

Or, il se trouve qu'il est possible de gagner de l'argent avec YouTube : le site reverse une partie des recettes perçues sur les annonces diffusées avant ou après votre vidéo. Un terme a même vu le jour pour désigner les gens comme Benzaie, NewTiteuf ou Natoo : YouTubeur.

Depuis 2015, plus de 85 chaînes YouTube ont dépassé le million d'abonnés en France, ce qui donne la mesure du phénomène.

La perspective de se faire connaître à grande échelle tout en opérant depuis chez soi à partir d'un simple iPhone ou Galaxy a clairement de quoi séduire bien des adolescents et aussi leurs aînés. Toutefois, attention : se distinguer en tant que YouTubeur aujourd'hui est moins aisé qu'auparavant. Les leaders du domaine (Cyprien, Norman, Squeezie...) ont fortement amélioré le niveau de leurs prestations et de nos jours, le public s'est habitué à une certaine qualité.

Pour réussir en tant que YouTubeur, il est donc nécessaire aujourd'hui de :

- bien définir sa thématique,
- soigner le contenu grâce un travail de préparation majeur,
- offrir une très belle qualité d'image et de son,
- savoir réaliser un montage afin de mettre en scène sa vidéo,
- améliorer peu à peu son équipement afin de toujours être au niveau de ce qui se fait ailleurs,
- constamment améliorer son écriture.

Autant de points que nous allons aborder d'un bout à l'autre de ce livre...

DE L'IMPORTANCE DE BIEN DÉFINIR SA THÉMATIQUE…

Avant de vous lancer dans la création d'une chaîne YouTube, le premier point consiste à choisir une thématique. Selon que vous êtes un as du bricolage, un spécialiste de Photoshop, un humoriste hors pair, vous allez toucher un public spécifique, et il importe de bien définir cette cible au départ. Quelles sont les catégories de vidéos qui remportent le plus de succès ?

Humour

En France, ce sont clairement des humoristes qui tiennent le haut du pavé : Cyprien, Norman mais aussi des gens comme Rémi Gaillard, Tim, le collectif Golden Moustache ou le duo Le Monde à L'Envers. Pour s'imposer dans ce domaine, il faut disposer d'une forte imagination, d'une grande aptitude à prendre du recul sur les choses et aussi d'un don en écriture et en réalisation. Point majeur : il faut se distinguer par une approche originale. Un bon exemple est celui de Paul Taylor qui a voulu transcrire en vidéo son regard de Britannique vivant en France et découvrant le pays, ce qui à ses yeux paraissait absurde. Ses prestations ont eu un tel succès qu'il s'est vu embaucher par Canal+, rien de moins.

Tests de jeux

La popularité de Squeezie comme de Joueur Du Grenier est là pour attester de l'intérêt suscité par les « let's play », ou tests de jeux. La concurrence est très forte dans ce domaine mais il n'est pas impossible de s'y distinguer car de nombreux « let's player » reprennent tous la même formule, dans des formats souvent excessivement longs. Les YouTubeurs les plus populaires dans cette catégorie sont finalement ceux qui ont le plus de personnalité. Il y a donc probablement de la place pour des approches plus mesurées, sortant des sentiers battus, plus courtes et toujours aussi personnelles (votre personnalité).

Musique

Au niveau mondial, les vidéoclips musicaux constituent les vidéos les plus regardées. La plupart concernent des stars comme Taylor Swift ou Katy Perry qui ont chacune des chansons avoisinant ou dépassant le milliard de vues. Toutefois, il est important de remarquer que le record est tout de même détenu par Gangnam Style de Psy qui est le seul titre à ce jour à avoir dépassé les deux milliards de vues, ce qui renforce ce que nous disions un peu plus haut : sur YouTube, chacun a sa chance !

Le Monde à l'Envers
(+650.000 abonnés)

Que faut-il éviter au début ?

Il faut éviter de faire comme les autres, de copier un style ! N'oubliez jamais de rester vous-même et de trouver votre propre voie. Gardez à l'esprit que quand les YouTubeurs font tout pour grimper dans le « YouTube Game », ils ne sont pas naturels et ils font des choses dans le seul but de gagner des abonnés. Mais ça se voit et généralement, ça ne prend pas...

Tutorial et apprentissage

S'il est un domaine où il est probablement plus aisé d'acquérir une base importante de 'followers', c'est celui des tutoriels et vidéos d'apprentissage. Selon une étude Ipsos/Google de la fin 2015, la moitié des internautes français a désormais pour réflexe d'aller sur YouTube pour comprendre comment accomplir quelque chose. Mieux encore : « 72% des consommateurs en ligne de moins de 35 ans pensent pouvoir trouver sur YouTube une vidéo sur tout ce qu'ils aimeraient apprendre à faire » ! Donc, si vous êtes un bon pédagogue comme Bruce Benamran (e-penser) et que vous êtes expert en recettes de cuisine, en réparation d'électroménager, dans l'enseignement de l'ukulélé, sur un logiciel comme After Effects ou dans les pas du tango, un boulevard s'ouvre devant vous !

Avis sur des nouveaux produits

Si vous avez une passion pour certains types d'appareils et tendance à acheter les dernières nouveautés, les vidéos d'avis d'experts sont fort prisées : appareils photos, gadgets, haut-parleurs, etc. Si vous acquérez une belle notoriété dans ce domaine, les fabricants de tels matériels se feront un plaisir de vous adresser leurs dernières nouveautés afin de bénéficier d'un test publié sur votre chaîne.

Beauté et fitness

Qu'il s'agisse de vidéos de fitness comme pour Tibo inShape ou de conseils de beauté comme pour Sananas, Amivi ou Elsa Makeup, des millions d'internautes sont avides de conseils en tous genre : maquillage, exercice, perte de poids... Un grand nombre de jeunes se sentent plus à l'aise dès que quelqu'un de leur génération, partageant les mêmes humeurs, leur prodigue de tels conseils.

Animaux mignons et bébés

Bon, il est possible d'obtenir des millions de vues sur un clip présentant une séquence attendrissante avec un chaton ou un bébé. Il semble toutefois que nous ayons ici une popularité ciblée sur une seule vidéo et il semble peu probable de fidéliser un public sur ce thème. Mais pourquoi pas, si vous trouvez un bon concept qui justifie qu'on s'abonne à votre chaîne...

Le point essentiel : en quoi êtes-vous bon ?

Le point essentiel est le suivant : dans quel domaine êtes-vous bon, et même particulièrement bon ? Qu'il s'agisse de décomposer des tours de magie, d'apporter des explications sur l'Histoire de France, de filmer vos aventures à l'autre bout du monde, de défendre une cause comme la protection animale ou de lutter contre ceux qui polluent notre belle planète, des dizaines de milliers d'internautes sont prêts à vous suivre.

Alors il ne reste plus qu'à y aller ! Lancez-vous dans le grand Tube !

Conseils de pros !

Joueur Du Grenier

(+2,9 Millions d'abonnés)

Quelles sont les choses à éviter absolument quand on se lance ?

« Vouloir aller trop vite ! Vouloir faire des vidéos uniquement pour être connu. Tous les YouTubeurs que je connais et qui sont devenus célèbres n'ont pas lancé leur chaîne avec cette intention. Leur principale motivation, c'était de se marrer et de faire marrer leurs potes... Il faut donc être patient, trouver son ton et imposer petit à petit sa personnalité, trouver la bonne formule. »

COMMENT CRÉER UNE CHAÎNE YOUTUBE ?

Créer une chaîne YouTube est hyper simple. Il vous suffit pour ce faire de posséder ou bien de créer une adresse gmail.

Si vous n'avez pas déjà une telle adresse, rendez-vous sur Gmail.com et cliquez sur **Créer un compte**. Vous êtes alors invité, à partir de la nouvelle adresse Gmail à créer un compte Google qui sera valable pour toutes sortes de services de Google : Gmail mais aussi YouTube, Drive (disque dur en ligne), Photos (sauvegarde en ligne de vos photos)...

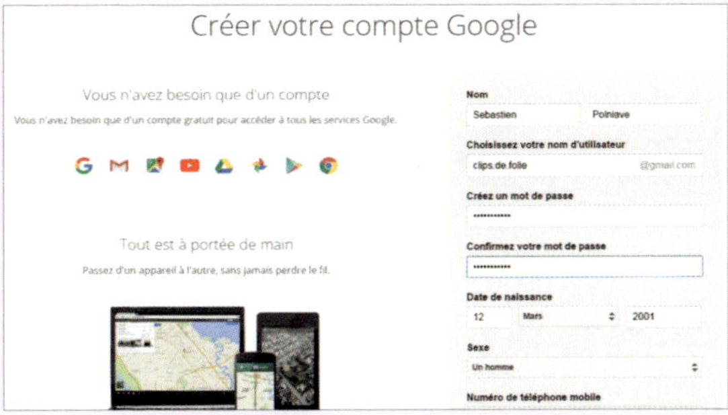

Entrez toutes les informations demandées sur cette page et le tour est joué ! Prenez juste le temps d'associer une photographie à votre compte avant d'aller plus loin.

Une fois votre compte Google créé, rendez-vous sur YouTube. Cliquez alors sur **Connexion** puis sélectionnez votre compte Gmail. Ça y est ! Vous pouvez envoyer des vidéos vers votre chaîne YouTube. C'est aussi simple que ça !

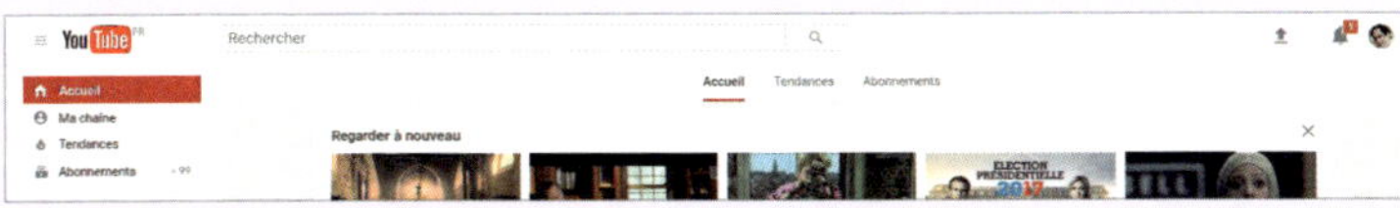

DE L'IMPORTANCE DU NOM DE VOTRE CHAÎNE...

Par défaut, votre chaîne porte le même nom que celui que vous avez associé à votre adresse Gmail.

Pourtant, il peut être important de le changer dès le départ, car le nom que vous aurez choisi sera associé à votre chaîne ad vitam eternam.

- Ce peut être un nom aisément mémorisable et qui transmette, par sa sonorité, un peu de l'esprit que vous souhaitez donner à votre chaîne comme dans le cas de Squeezie, Natoo ou Mister V. Si vous manquez d'inspiration, vous pouvez utiliser le service http://www.generateur-pseudo.com.
- Vous pouvez aussi choisir un nom plus explicite qui évoque le type de contenu : Les Tutos, FastGoodCuisine, Jenesuispasjolie, Elsamakeup, Les bricolages de Valentin, Démo Jouets, Parole de chat, Le Fossoyeur de Films...

Quelle que soit l'option choisie, prenez le temps de trouver un nom mémorable et **simple** à mémoriser. Il faut que les internautes, s'ils ont envie de revoir l'une de vos vidéos, puissent aisément le retrouver, par exemple, en utilisant la barre de recherche YouTube. Ainsi, quelqu'un qui taperait 'pasjolie' tombera aisément sur la chaîne de conseils de beauté Jenesuispasjolie, tandis qu'un internaute voulant revoir une vidéo spécifique d'un let's play aura du mal à retrouver sa vidéo si le YouTubeur s'appelle ipso22lol. Pas vrai ?

Changer le nom de sa chaîne

Pour retrouver le nom de sa chaîne et le changer, connectez-vous à votre compte Google/Gmail, puis tapez https://www.YouTube.com/channel_switcher

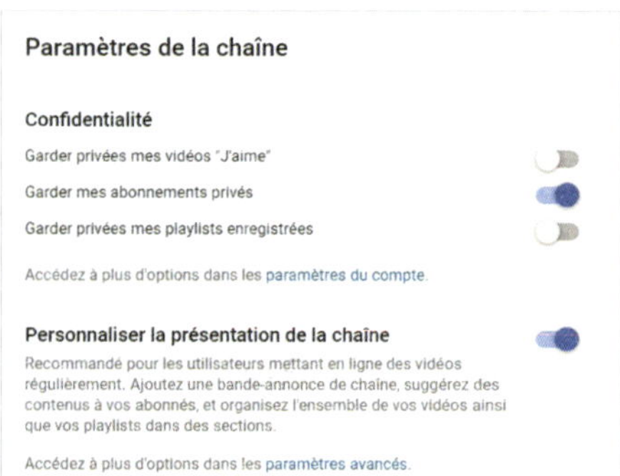

Vous voyez alors apparaître votre chaîne principale (celle qui porte un nom associé à votre adresse Gmail) et aussi le bouton '+ Créer une chaîne'.

Vous pouvez alors :

- Soit créer une nouvelle chaîne en choisissant le bouton **+ Créer une chaîne**. C'est en utilisant ce bouton qu'une nouvelle chaîne a été créée dans l'exemple ci-dessus.
- Soit renommer votre chaîne.

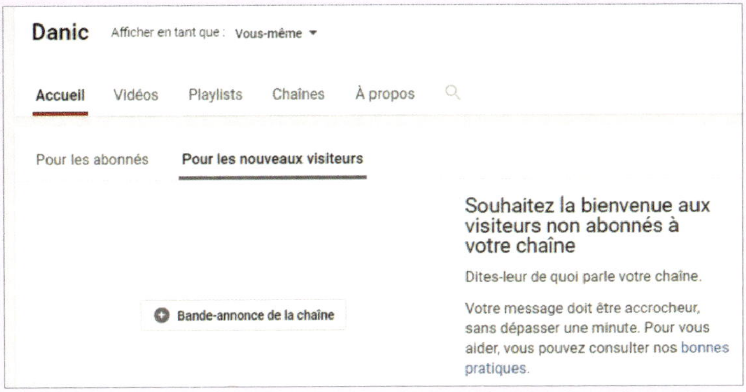

Pour renommer votre chaîne, cliquez sur l'icône de votre avatar depuis YouTube, puis sur l'icône en forme de roue dentée à droite de la mention **Creator Studio**.

Vous arrivez sur une page intitulée **Vue d'ensemble**. Choisissez **Modifier sur Google**. Une nouvelle page s'ouvre avec votre avatar au centre. Cliquez sur l'icône en forme de stylo à droite de cet avatar.

Vous pouvez alors proposer le nom de votre choix si tant est que ce nom est libre. Google vous demande ensuite si vous êtes bien certain de vouloir opérer ce changement qui va vous suivre sur tous les services Google utilisés. Si vous le souhaitez, confirmez votre choix.

Et voilà, ce nom sera désormais celui de votre chaîne YouTube ! Notez qu'il sera possible de le changer à nouveau si jamais vous n'en étiez pas satisfait. Mais attention, car Google limite le nombre de fois où vous pouvez le faire. Donc autant le choisir bien une fois pour toutes !

Votre page sur YouTube

Icône et bannière

Certains internautes voudront revoir l'une de vos vidéos, et pour ce faire, ils vont taper votre nom ou le nom d'un de vos clips sur Google ou YouTube. Ils vont alors arriver sur votre page YouTube. Il est donc important que celle-ci les accueille comme il se doit. Pour ce faire, soignez l'icône de votre chaîne (l'image en rond) et aussi votre bannière.

Pour modifier ces deux éléments, cliquez sur l'icône de votre **avatar** depuis YouTube, puis sur l'icône en forme de **roue dentée** à droite de la mention Creator Studio, puis cliquez sur **Modifier sur Google**.

Prenez le temps de créer une bannière attrayante (une image rectangulaire d'au moins 2 560 x 1 440 pixels).

Description

Dans un même ordre idée, créez une Description de la chaîne. Pour cela, dans le **Tableau de bord**, cliquez sur **Afficher la chaîne**. Le texte que vous indiquez est essentiel car il permettra aux internautes de savoir tout de suite ce que vous proposez.

Bande-annonce

Plus important encore, placez sur votre chaîne une courte vidéo expliquant quel est le thème principal et donnant au passage 'l'esprit' de ladite chaîne : sérieuse, enjouée, zen... Il ne s'agit pas d'une vidéo destinée à recevoir des dizaines de milliers de vues. Elle est juste destinée à accueillir les visiteurs qui arrivent sur votre chaîne pour la première fois.

Commencez par créer et monter une telle vidéo. Veillez à ce qu'elle soit courte, rythmée et présente rapidement votre thématique. Prenez soin de concevoir ce clip à la manière d'une bande-annonce.

Une fois cette vidéo créée, cliquez sur l'icône de roue dentée à droite de votre nom, sur votre chaîne. Activez alors l'option **Personnaliser la présentation de la chaîne**. À présent, dans l'onglet **Accueil de votre chaîne**, sélectionnez **Pour les nouveaux visiteurs** puis **Bande-annonce de la chaîne**.

Sélectionnez alors la vidéo de bande-annonce que vous avez créée et le tour est joué. À présent, ceux qui découvrent votre chaîne verront s'afficher cette vidéo de présentation.

CRÉER SA PREMIÈRE VIDÉO

Pour « uploader » une vidéo, c'est très simple : il suffit de cliquer sur la flèche orientée vers le haut à gauche de l'avatar que vous avez choisi pour vous représenter.

Pour le plaisir et afin de mettre le pied à l'étrier, n'hésitez pas à uploader une première vidéo sur votre compte. Vous pouvez par exemple vous filmer face à votre iPhone et parler du dernier film que vous avez apprécié, expliquer pourquoi vous pensez qu'il faut prendre soin des dauphins ou pourquoi vous appréciez particulièrement tel héros de Marvel. Les smartphones actuels ont une qualité d'image largement suffisante pour YouTube – nous y reviendrons. Et si vous prenez soin de vous enregistrer dans un endroit dépourvu de bruits ambiants, le son devrait être d'une qualité suffisante.

Votre première vidéo ne sera sans doute pas parfaite, mais elle va vous permettre de démarrer, et il vaut mieux se lancer sans attendre et améliorer progressivement ce que vous mettez en ligne. **L'important est de se lancer.**

Vous pouvez même diffuser ce premier clip sur votre compte Facebook ou Twitter afin d'inciter des internautes à venir le regarder. Vous le savez sans doute : pour ce faire, il faut choisir **Partager** sous la vidéo lorsqu'elle est diffusée sur YouTube puis à nouveau **Partager**. Vous obtenez une adresse qu'il suffit alors de copier sur le réseau social de votre choix. Notez aussi la présence de boutons juste au-dessus de cette URL avec les principaux réseaux sociaux, ce qui peut permettre d'accélérer la chose.

Conseils de pros !

Joueur Du Grenier
(+2,9 Millions d'abonnés)

Faut-il poster des vidéos avec régularité ?

Disons que pour débuter, oui, la régularité peut être un vrai plus. Parce que les gens reproduisent aussi sur Internet les mêmes pratiques qu'autrefois à la télévision. Ils aiment savoir que le lundi, à telle heure, ils pourront retrouver une vidéo d'un YouTubeur qu'ils aiment bien. Comme pour une série à la télé où tu prévois déjà ton rendez-vous. Ils savent qu'ils pourront le regarder n'importe quand dans la semaine mais ils aiment bien avoir leurs petites habitudes. Donc essayez « d'habituer » vos abonnés, ça leur permettra d'être plus fidèles.

COMMENT DÉVELOPPER UNE PREMIÈRE AUDIENCE ?

Par la force des choses, ce sont vos amis, votre famille, qui vont être vos premiers spectateurs et zélateurs. Ils auront à cœur de partager votre vidéo sur leur page Facebook, Twitter, Tumblr.... Encore faut-il le leur demander ! **Rien ne remplace un contact personnel.**

Envoyez un message à vos proches avec l'URL de votre vidéo YouTube et demandez-leur de la partager sur leurs réseaux sociaux. Demandez-leur également de s'abonner à votre chaîne, de liker vos vidéos, d'apporter des commentaires... Tous ces petits détails, même s'ils ne sont que cinq personnes à le faire, sont vraiment importants !

Vous-mêmes, vous devez faire en sorte de faire 'vivre' la vidéo que vous avez mise en ligne. Cela signifie que si quelqu'un laisse un commentaire, il faut **toujours** lui répondre (le jour où vous aurez 200.000 abonnés, ce sera plus compliqué, mais au début, faites-le !). L'idéal est de lui répondre d'une façon qui puisse susciter un débat. Un exemple ? Imaginons que vous avez tourné une vidéo chroniquant un film que vous avez vu et adoré. Un internaute met en commentaire qu'il a détesté ce film. Vous pouvez lui dire quelque chose du style : 'merci d'avoir donné votre avis. Et vous, quels sont les films que vous aimez ?'. Ou encore 'y-a-t-il tout de même des scènes que vous avez apprécié ?', 'est-ce que vous êtes fan de ce type de cinéma habituellement ?'. Vous voyez l'idée ?

Tout ce qui peut lancer un débat est bon à prendre car les commentaires vont alors se multiplier et YouTube va alors détecter que votre vidéo suscite de l'intérêt. Au bout d'un moment, il pourra être tenté de la mettre en avant !

À défaut d'avoir une chance énorme, vos premières vues, vos premiers abonnements et likes, viendront de vos proches et amis. Donc faites en sorte qu'ils vous soutiennent dans vos premiers pas et partagent allègrement vos premières vidéos... Nous verrons plus loin comment développer davantage votre audience.

Conseils de pros !

Le Monde à l'Envers

(+650.000 abonnés)

Faut-il être régulier ?

Au début, vous n'avez pas de public et donc personne ne vous attend vraiment. Voilà pourquoi le plus important est d'abord de se faire plaisir ! Mais dès que vous avez quelques centaines d'abonnés, il devient important de les fidéliser, de leur donner des rendez-vous pour qu'ils ne vous oublient pas. On conseille donc une ou deux vidéos par mois minimum. Pourquoi minimum ? Car aujourd'hui, il y a tellement de chaines qui publient des vidéos quotidiennement que deux ou trois vidéos par mois, c'est un peu devenu le minimum pour rester dans la course. Sinon, les gens finissent par se dire « boah, lui, il ne publie qu'une seule vidéo par mois, il fout rien... ». Et ils ont vite fait de vous zapper. Mais prenez le temps de travailler vos vidéos, pour assurer la qualité. Bref, éviter plus de 3 ou 4 vidéos par mois avant d'être très très rôdé.

LANCEZ-VOUS DES DÉFIS POUR VOUS MOTIVER !

Ah oui, un dernier petit truc pour vous motiver ! Lancez-vous toujours des petits défis ! Par exemple, donnez-vous une première cible à atteindre : par exemple, « atteindre 50 abonnés », « Dix commentaires sur ma vidéo », etc.. Une fois que vous aurez vos 50 premiers abonnés, vous verrez que votre satisfaction sera maximum car vous aurez atteint un premier palier ! Attention, ne commettez jamais l'erreur du YouTubeur trop ambitieux ! Ne visez pas tout de suite les 20.000 abonnés ! Parce que votre motivation va rapidement en prendre un coup. Procédez par petits paliers, très progressivement et vous verrez que vous irez ainsi de victoire en victoire ! **C'est très important pour le moral et la motivation**. Plein de petites victoires sont souvent plus motivantes qu'une grosse. Et surtout, c'est moins dangereux que de risquer une grosse défaite !

QUE FAIRE SI L'ON REGRETTE D'AVOIR MIS UNE VIDEO EN LIGNE ?

Sachez-le (et l'auteur l'a expérimenté) : si l'une de vos premières vidéos récoltait trop de critiques ou que vous n'en êtes plus fier, il est hyper aisé de la supprimer. Et qui se souviendra alors que vous l'aviez mise en ligne ?

Vous pouvez considérer cela comme une phase d'apprentissage, une sorte de passage obligé. Les plus grands artistes ont fait leurs armes ainsi en améliorant progressivement ce qu'ils produisaient.

Pour supprimer (ou modifier) l'une de vos vidéos, cliquez sur votre avatar, choisissez **Creator Studio.** Ouvrez **Gestionnaire de Vidéos** dans le menu de droite puis **Vidéos** pour afficher la liste de vos vidéos. Sous le titre de chaque vidéo, se trouve un menu **Modifier**. La dernière option de ce menu est **Supprimer**.

POURQUOI FAIRE VALIDER SON COMPTE YOUTUBE ?

Disposer d'un compte YouTube ne fait pas encore vraiment de vous un « YouTubeur » à part entière. Il existe un certain nombre de possibilités importantes et d'options de vidéo qui ne sont accessibles qu'à ceux qui disposent de ce que l'on appelle un compte 'validé'. **Bref, pensez tout de suite à « valider » votre compte.**

Ce n'est qu'une fois que vous aurez validé votre compte que vous pourrez monétiser vos vidéos (ce qui sera bien utile si vous souhaitez vivre de votre activité de YouTubeur), placer sur YouTube des vidéos longues (de plus de 15 minutes) ou encore créer vos propres miniatures pour vos vidéos – ce qui aidera fortement à inciter les internautes à les regarder.

Pour faire valider votre compte, vous devez indiquer à YouTube un numéro de téléphone valide, sur lequel vous sera envoyé un code.

Pour faire valider votre compte, connectez-vous à YouTube puis cliquez sur votre avatar. Cliquez ensuite sur l'icône **Paramètres YouTube** à droite de **Creator Studio**.

Vous voyez alors apparaître une page intitulée **Vue d'ensemble** relative à votre compte YouTube. Sur l'avant-dernière ligne, cliquez sur **Afficher les fonctionnalités supplémentaires**.

Sur la nouvelle page, juste au-dessous de la mention **État du compte**, cliquez sur **Valider**. Vous accédez alors à une page dans laquelle YouTube demande d'indiquer le moyen par lequel vous souhaitez valider votre compte. Le plus simple est de choisir la mention **Envoyez-moi le code de validation par SMS**. Indiquez ensuite votre numéro de téléphone.

Consultez votre smartphone : un code à six chiffres vient d'arriver par SMS. Il ne reste plus qu'à l'indiquer à YouTube.

À partir de là, votre compte apparaît comme validé. Et vous avez alors accès à plusieurs fonctionnalités supplémentaires, décrites sur cette même page **États et fonctionnalités**.

Et voilà. Vous êtes prêt à devenir un YouTubeur professionnel ! Mais nous n'avons encore abordé que le B-A BA de la chose. À partir du chapitre 2, nous allons découvrir comment faire pour se démarquer...

Chapitre 2
Comment se démarquer ?

COMMENT SE DÉMARQUER ?

N'importe qui peut devenir un « YouTubeur » à partir du moment où il poste une vidéo de son chien dans la rue. Mais ça n'en fait pas un « bon YouTubeur » pour autant, n'est-ce pas ? Disons d'ailleurs les choses clairement : devenir un bon YouTubeur n'est pas une tâche aisée !

Si vous prétendez vouloir vous rapprocher de vos idoles, vous allez au moins devoir assumer quatre statuts :

- Comédien
- Scénariste
- Réalisateur
- Monteur

Il n'est pas simple d'être un bon YouTubeur car les quatre statuts sont en réalité quatre métiers différents ! Or, qui peut sincèrement prétendre être maîtriser quatre métiers différents ? Peu de monde ! Historiquement parlant, un comédien exerce son métier de comédien sans avoir à toucher une console de montage ou sans avoir à écrire une seule ligne de scénario. Il se concentre sur son métier, pour rester toujours performant. Et vice-versa. Mais depuis YouTube, la donne a changé. La concurrence est aujourd'hui forte et le public s'attend à une certaine qualité sur YouTube. Et quand on commence, il faut tout faire soi-même. **Pour se démarquer, il faut s'acharner à devenir un 'pro' dans ces quatre domaines.**

Il est parfois possible de déléguer l'une de ces fonctions, mais il importe que chacune des quatre soit accomplie avec un critère essentiel à l'esprit : le professionnalisme.

Il n'est pas nécessaire de suivre une formation poussée dans ces quatre domaines pour arriver au niveau de qualité souhaitable. Il faut juste faire preuve d'une énorme auto-exigence. Il importe de viser haut et de s'astreindre peu à peu à devenir un expert dans son domaine.

Par chance, il est beaucoup plus facile aujourd'hui d'acquérir une expertise sur un sujet que par le passé car vous allez trouver des milliers de pages Web et vidéos YouTube dans lesquelles des spécialistes vous font part de leurs secrets. **Donc une partie importante de votre parcours de YouTubeur doit consister à vous former**, à apprendre de nouvelles techniques, découvrir de nouvelles astuces, de nouvelles fonctions des logiciels. Chaque aptitude gagnée est comme une arme supplémentaire dans votre arsenal de conquête du public !

LE STATUT DE COMÉDIEN

À partir du moment où vous apparaissez sur l'écran, vous agissez, dans une certaine mesure, comme un comédien. Cette fonction peut être réduite au minimum si vous vous contentez de présenter des vidéos de bricolage ou que votre visage apparaît dans un coin tandis que vous effectuez une démo de gameplay dans un jeu vidéo.

Pourtant, même dans ce cas, la façon de vous présenter va faire la différence. Il importe d'appliquer la règle simple consistant à être professionnel dans ce que l'on fait. Qu'est ce que cela implique ? Qu'il faut être **cohérent avec son personnage**, trouver la bonne apparence, les bons vêtements, le bon look... Cela ne signifie pas forcément qu'il faille être tiré à quatre épingles et coiffé à la manière d'un enfant de chœur. Il faut juste être professionnel dans ce que l'on fait. Donc, si vous avez choisi d'avoir un aspect 'hirsute', faites en sorte d'apparaître comme un 'hirsute professionnel'.

Ensuite, voici petit truc pour être à l'aise avec un micro : **faites des exercices de prononciation** tout seul devant votre miroir pendant quelques minutes avant d'appuyer sur le bouton REC de votre caméra. Cet « échauffement » peut changer du tout au tout votre phrasé et la fluidité de votre parole. Une bonne prononciation sera beaucoup plus agréable pour vos fans et vous gagnerez rapidement en « bagou ».

Par exemple, prononcez les phrases suivantes le plus vite possible et de façon répétée devant un miroir : « Alerte, Arlette allaite ! », « La chemise du chimiste sèche » ou encore « Un gradé dragon dégrade un dragon gradé. ». **N'ayez pas peur d'être ridicule !** Tous les grands acteurs, présentateurs télé font cela avant leurs tournages, même après dix ou vingt ans de pratique. En réalité, pour un comédien, ces exercices sont l'équivalent d'un échauffement physique de sportifs avant une compétition.

Si, de par leur thème, vos vidéos vous mettent 'sur le devant de la scène', comme dans le cas de sketches humoristiques, de danse ou de chant, alors l'aspect comédie doit être particulièrement soigné. Suivre **quelques cours de théâtre** ne peut qu'aider à améliorer votre prestation. Un point très efficace, notamment mis à profit par Cyprien, consiste à varier, au sein d'une même vidéo, la palette d'émotions utilisée. Nous y reviendrons.

Le Monde à l'Envers
(+650.000 abonnés)

Y a-t-il un secret pour faire le buzz ?

Pour faire du mauvais buzz, oui, plein ! Mais on le déconseille alors on ne dira rien. En revanche, pour faire du bon buzz, non, il n'y a pas de secret. Par exemple, pour nous, notre premier buzz, ça a été notre parodie de « Confessions intimes ». Or, on ne s'y attendait pas du tout, ça n'était pas volontaire. À partir du moment où la vidéo est mise en ligne, ce n'est plus le créateur qui a le pouvoir mais les internautes. S'ils veulent que ça buzze, ils vont partager. Sinon, ils ne feront rien...

ÉCRIRE LE SCRIPT DE SA VIDÉO

Considérez vous dès le départ non pas comme un 'vidéaste amateur' mais comme un 'réalisateur'.

Or, que fait un réalisateur ? Il consacre un temps énorme à ce que l'on appelle la 'pré-production'. En d'autres termes, il planifie soigneusement le contenu de ce qu'il va filmer : quelle sera l'introduction, qui sont les personnages principaux, les personnages secondaires, quel est l'enjeu, la chute ?

S'il s'agit d'une histoire, il doit forcément y avoir une situation à résoudre, qu'il faut rapidement énoncer, et un dénouement, le plus inattendu possible – si le spectateur devine aisément la fin, il sera déçu dès qu'elle arrivera effectivement...

Bien évidemment, si vos vidéos se contentent de parcourir un nouveau jeu que vous venez d'acquérir, vous allez dire qu'il n'y a rien à écrire au départ et que vous pouvez vous contenter de suivre le jeu en question. Pourtant, même à ce niveau, il est bien plus agréable de visionner une séquence ayant subi une préparation ! Quand un joueur sait de quoi il parle, c'est toujours plus agréable ! Le plaisir de la découverte « en live » est une approche convenable, certes. Mais il faut un certain bagou et une certaine expérience pour réussir à captiver un auditoire. Vu que vous êtes un débutant, préparez vos let's play en amont. **Notez des infos intéressantes** sur le jeu à raconter pendant votre vidéo et **notez-les sur une « fiche ». Vous pourrez vous en servir quand vous ne saurez pas quoi dire...** Dans le même ordre d'idées, même dans le contexte d'une solution de jeu, il est bon de planifier ce que vous allez montrer dans votre clip. Choisissez dès le début si vous voulez montrer uniquement le premier niveau, les quatre premiers, juste un niveau caché, la présentation des principaux personnages ? **C'est ce « script » qui vous évitera de partir dans tous les sens et de perdre votre audience !**

Une idée de départ

Toute vidéo réussie repose sur un scénario de qualité, même s'il est ultra bref. Prenez les vidéos de la série « Bref » ! C'est la meilleure preuve qu'on n'a pas besoin d'être long pour être bon ! En fait, un bon scénario repose sur une bonne idée de départ. Qu'est ce qu'une bonne idée ? Une situation qui vous laisse avec un mystère, et qui soit suffisamment intéressante pour que vous ayez envie de connaître le dénouement. Un exemple ? Paul a un jumeau qui s'appelle Thierry. Or, Paul a rendez-vous avec Sophie et ne peut malheureusement pas s'y rendre. Que décide-t-il ? Il décide de demander à son frère jumeau Thierry d'y aller à sa place. Mais ce que Paul ignore c'est que Sophie a également une jumelle, Barbara. Et donc, Thierry se retrouve avec Barbara au rendez-vous. Tous ignorent qu'ils ne sont pas face à celui qu'ils pensent ! Avez-vous envie de savoir comment cela va se terminer ? Si oui, alors c'est une bonne idée de départ.

Comment trouver une bonne idée de départ ? En général, les meilleurs YouTubeurs comiques avec une mise en scène effectuent une séance de 'brainstorming' avec leurs amis ou leurs collègues. C'est le cas de Joueur Du Grenier. Fred et Seb écrivent ensemble leurs scénarios. Ils discutent et décident ensemble si les gags sont bons ou mauvais. C'est pratique de travailler à plusieurs, dans ces cas-là. Donc **mêlez vos amis, votre frère, votre sœur, à vos réflexions.** Ça permet à chacun de lâcher diverses suggestions et d'améliorer l'ensemble.

Si vous êtes seul, retenez une chose : les bonnes idées ne viennent jamais quand on les cherche. Voilà pourquoi un grand nombre de scénaristes ont toujours sur eux un petit carnet où ils notent les idées qui leur viennent, ce qu'ils observent dans la vie quotidienne. **Une bonne idée peut arriver n'importe quand et si vous ne la notez pas tout de suite, vous avez 90 % de chances de l'oublier !** Vous pouvez utiliser le bloc-notes de votre smartphone vous prendre de telles notes. Norman explique dans les bonus du DVD 'Norman sur scène' qu'il construit chacun de ses sketches sur son vécu de tous les jours. Une autre bonne pratique consiste à demander à ceux qui pratiquent un métier particulier (par exemple le plombier qui vient changer un tuyau à votre domicile) de vous raconter les événements les plus étonnants qu'il a vécus. Il y a là une source vraiment épatante d'idées de scénarios qu'il serait quasi impossible d'imaginer. **Bref, soyez curieux, notez tout et documentez-vous !** C'est la clé pour étoffer ses idées !

L'importance de l'identification

L'un des grands théoriciens du cinéma, Joseph Campbell, a eu un jour cette phrase : *'Les gens aiment les histoires car elles les amènent à se sentir vivants'*. Les films nous aident à vivre une histoire par personne interposée. En d'autres termes, les gens ne vont pas spécialement au cinéma pour voir Tom Cruise suspendu à 500 mètres au-dessus du vide sur le bord de la tour Burj Khalifa. C'est eux-mêmes qu'ils vont

Le Monde à l'Envers

(+650.000 abonnés)

Comment gérer les trolls ?

C'est vrai qu'il est très compliqué de gérer les vagues de haine quand on est sensible et susceptible. La nature humaine est ainsi faite. Vous aurez beau avoir vingt commentaires très positifs, il suffit qu'il y en ait un seul qui soit négatif pour qu'on ne pense qu'à celui-là. Les autres, on va les oublier. Y'a pas de secret, faut s'habituer, se constituer une carapace. Mais si on peut néanmoins donner un conseil, c'est de toujours lire les commentaires négatifs en se demandant : « Ok, il me critique très violemment, mais objectivement, est-ce qu'il a raison ? Est-ce que ses critiques sont justes ? Est-ce que c'est constructif ou juste de l'insulte gratuite ? ». En fonction de la réponse, vous devez vous dire « Ok, il a raison, je dois améliorer ce point -là pour la prochaine fois » ou alors « Pff, c'est juste un troll qui se cache derrière son écran qui n'a rien d'autre à faire de sa vie, oublions ! ».

voir au travers de ce qu'affronte le héros. Dit différemment, ils s'identifient à lui, partagent ses émois, ses craintes, ses colères...

L'une des raisons du succès de YouTubeurs tels que Cyprien, Squeezie ou Emy LTR vient de ce que toute une génération s'est ainsi identifiée à eux, s'est retrouvée dans les problématiques qu'ils mettaient en scène – chacun avait pu à un moment ou à un autre vivre les mêmes situations et cela crée un lien immédiat.

Si vous parvenez à faire en sorte que d'autres internautes s'identifient à vous, à travers votre look ou de ce que vous avez vécu, vous augmentez vos chances de fidéliser une audience. Il n'y a rien de nouveau ici : dans les années 1980, les adolescentes s'identifiaient volontiers à Madonna qui, n'ayant pas le sou initialement, avait créé un style vestimentaire utilisant de manière originale ses foulards et autres accessoires.

Ce facteur identification est notamment ce qui a fait l'impact du clip First Kiss de Tatia PIlieva. Cette YouTubeuse a demandé à vingt couples de s'embrasser pour la toute première fois devant sa caméra. Le décor était ultra-sobre, tout résidait dans l'émotion d'un moment fort et authentique. Au final, 120 millions d'internautes ont visionné cette vidéo. Il est plus que certains que ces internautes se sont reconnus, qu'à un moment ou à un autre, ils ont eux aussi (dans leur propre histoire) ressenti la gêne, la timidité de l'un des protagonistes. Soit dit en passant, l'authenticité est généralement le plus grand gage de succès. Qu'est-ce que ça veut dire ?

SOYEZ VOUS-MÊME ! En vous contentant d'être vous-même et de dire ce qui vous tient à cœur, vous allez généralement toucher d'autres gens, comme vous. Si vous jouez un rôle et que vous n'êtes pas encore un bon comédien, ça va se voir et personne ne va s'identifier à vous.

Si vos vidéos ou votre web-série font intervenir plusieurs personnages différents, vous augmentez ce facteur identification : il est plus facile pour le spectateur de s'identifier à l'un d'entre eux. Imaginons que vos clips fassent intervenir un garçon un peu timide, un autre plus 'brut de décoffrage', un intello, un baratineur... Vous avez alors quatre archétypes et celui qui visionne la vidéo va alors instinctivement élire son préféré, celui dont il se sentira le plus proche.

Si certains de vos proches doivent intervenir dans vos vidéos, il peut être bon de prendre en compte leurs aptitudes particulières dans les idées de scénario et la répartition des rôles : acrobaties, don pour l'imitation, capacité à faire des tours de cartes...

Si vous décidez de faire du face-cam humoristique et que vous n'êtes pas encore très à l'aise en tant que comédien alors retenez ceci : **restez dans un même style**, quel que soit celui que vous avez choisi. En plus, une chaîne se doit d'avoir une identité précise. Cette identité va correspondre en partie à l'audience que vous visez. Selon que vous vous adressez à des amateurs de films japonais, de voyages exotiques ou de cosplay, vous aurez une audience particulière et il faut la servir.

Si jamais vous souhaitez changer totalement de style pour certaines vidéos, créez alors une autre chaîne, distincte de la première. Ainsi, Cyprien a créé deux chaînes distinctes, l'une pour ses séquences humoristiques et l'autre pour tout ce qui relève du Gaming. À défaut, de créer une nouvelle chaîne, vous pouvez créer des playlists – voir en fin de chapitre.

Surfer sur l'actualité

Si vous manquez d'imagination à un moment donné, surfer sur l'actualité peut être la solution à même d'attirer des milliers d'internautes sur l'une de vos vidéos. **Il suffit parfois d'adopter un regard décalé sur un événement donné pour créer le buzz !**

Un exemple ? Un nouvel iPhone est un appareil prisé par les fans d'Apple et ils sont prêts à débourser le prix fort pour acquérir ce modèle flambant neuf. Or, le YouTubeur Techhax a obtenu 4,3 millions de vues pour une vidéo dans laquelle il s'est acharné à briser son iPhone 7 tout juste acquis, à coups de marteaux. Un gâchis énorme direz-vous ? Pas forcément. Il est possible que le bénéfice tiré de tant de visionnages ait plus que remboursé l'iPhone en question. N'allez pas voir ici une recommandation quelconque à faire de même ! Non, car ce n'est évidemment pas très malin en termes d'images (beaucoup vont vous détester). Mais ce que nous voulons souligner, c'est que Techhax a su exploiter habilement une actualité autour d'un produit prisé par des millions d'internautes, mais de façon « décalée ».

Le fait de rebondir très vite sur une actualité forte est à même d'amener du public vers une de vos vidéos et les possibilités abondent : chronique du nouvel album de Katy Perry, critique d'un nouvel épisode de Star Wars, test et avis sur une nouvelle console...

Séquence émotion

Un facteur susceptible d'attirer énormément d'internautes est l'émotion. Qu'il s'agisse d'un jeune animal particulièrement mignon, d'un moment fort que l'on vit, d'une scène à même de faire peur avant de déclencher le rire, ce qui 'touche' a le potentiel de faire mouche. Ainsi Norman aime achever certaines de ses vidéos humoristiques par un passage plus réfléchi – rendant hommage par exemple à ses parents après s'être moqués de leur côté ringard face aux nouvelles technologies. Cet aspect, dans la mesure où il nous touche, peut contribuer à donner envie de partager la vidéo car au-delà de l'aspect léger, un message plus profond a été transmis.

Vous-même, pensez aux dernières vidéos que vous avez partagé ou liké. Il est possible qu'elles vous aient touché à cause de ce facteur émotion. Tentez d'identifier ce qui vous a interpelé et voyez s'il ne serait pas possible de faire de même.

CE QU'IL NE FAUT JAMAIS FAIRE

Pour gagner des vues, certains sont prêts à faire n'importe quoi. Ne vous y abaissez jamais !

S'il est un principe essentiel à avoir en tête, c'est le suivant : n'utilisez jamais, JAMAIS Youtube pour régler des comptes, réagir sur le vif, se moquer d'un proche… Si vous êtes en colère pour une raison ou une autre, allez vous ballader en forêt. Ne succombez jamais à la tentation d'utiliser Youtube comme défouloir. Évitez comme la peste les appels à la haine, à la discrimination, mais aussi les défis à même de mettre en péril votre santé voire votre vie. Le défi consistant à envelopper une personne dans du scotch et à la filmer en train d'essayer de se libérer a failli coûter la vie à Skylar Fish, un adolescent de 14 ans. Par ailleurs ne publiez rien d'illégal – comme des caméras cachées ou des photos de personnalités disposant d'un droit à l'image.

Comme nous l'avons vu au chapitre 1, il est possible de supprimer une vidéo. Mais il arrive que le Net ait la mémoire longue et si votre vidéo était particulièrement provocante, elle aura pu être copiée ou commentée. L'affaire pourrait alors vous suivre pendant des années, vous causer un préjudice le jour où vous cherchez un emploi. Sachez-le : l'une des premières choses que font les employeurs quand ils reçoivent une candidature est de taper votre nom sur Internet. Si vous avez été mêlé à une affaire sordide sur Youtube, Facebook ou autre, celle-ci risque de vous suivre durant des années. L'enjeu en vaut-il la chandelle ?

Ce n'est pas tout. Si vous postez une vidéo litigieuse, dans le meilleur des cas, votre compte sera banni. Dans le pire, vous pourriez subir une sanction pénale ou financière.

Personne ne peut espérer devenir un YouTubeur respecté à long terme s'il échoue à respecter les principes énoncés ici.

Quelques exemples :

- Disney a mis fin à sa collaboration avec le très populaire PewDiePie et YouTube a annulé la diffusion de sa série suite à une vidéo jugée antisémite.
- Un couple de britanniques, Mike et Heather Martin, se sont amusés à poster des vidéos dans lesquelles ils accusaient à tort leurs enfants. Les services sociaux en sont venus à leur retirer la garde de ces derniers.
- Un motard qui filmait allègrement ses excès de vitesse, a vu les gendarmes débarquer au domicile et a été condamné par justice.

AYEZ CONSCIENCE DE VOS RESSOURCES, DE VOTRE MATÉRIEL !

Une fois qu'une ou plusieurs bonnes idées ont émergé, il faut prendre en compte un facteur : qu'est ce qui est réalisable aisément avec les moyens dont vous disposez ? Si la séquence d'humour que vous voulez mettre en scène nécessite de louer des costumes et tenues de l'époque de Louis XIV, des perruques, de réaliser des maquillages savants, il se peut que vous ne disposiez pas facilement des fonds nécessaires. Alors autant viser des vidéos aisément réalisables selon vos moyens.

N'oublions pas que la plupart des YouTubeurs ont démarré dans leur chambre. Donc, à partir des idées que vous avez recueillies, ne conservez que celles qui sont aisément réalisables selon les ressources dont vous disposez.

Storyboard

Si vous vous lancez dans la fiction, la web-série, le sketch mis en scène, vous devez, idéalement, réalisez un 'storyboard' de votre vidéo avant de commencer le tournage. Qu'est-ce qu'un storyboard ? C'est en gros une sorte de BD que vous aurez réalisée sur papier et montrant rapidement les principales scènes/plans de votre vidéo.

Les plus grands réalisateurs passent par cette étape car elle offre l'assurance de tourner des scènes qui auront de l'impact. Il n'est pas nécessaire d'être un grand dessinateur pour réaliser un storyboard. Vous produisez juste une suite de croquis simples indiquant les plans qu'il faudra tourner.

Par la suite, vous pouvez pleinement assumer votre rôle de réalisateur en tournant plusieurs fois chacune des scènes ainsi définies et ne retenant que les meilleures prises que vous réunirez lors du montage. **Mais grâce à ce storyboard, vous pourrez beaucoup plus facilement visualiser la vidéo que vous souhaitez faire.** Et donc déceler les points forts et les points faibles (afin de les améliorer).

Faites des vidéos courtes !

Un storyboard vous permet aussi de prévoir quel sera la durée totale de votre vidéo. Or, il vaut mieux prévoir une vidéo plutôt courte – moins de cinq minutes environ.

L'une des principales raisons à ce conseil est d'ordre pratique : **YouTube ne comptabilise les vues que lorsqu'une vidéo a été vue sur une certaine durée**, généralement aux trois quarts de celle-ci. Ainsi, si vous avez une vidéo de cinq minutes, il suffira qu'un internaute visionne environ trois minutes et demi pour qu'une vue soit comptabilisée. Si votre vidéo dure trente minutes et que l'internaute n'en regarde que douze minutes et demi, YouTube ne comptabilisera pas ce visionnage comme une vue. Or, vous l'aurez compris, il est plus facile d'attirer l'attention de quelqu'un pendant trois minutes que pendant douze ! **Et il est plus facile de motiver un internaute à regarder une vidéo d'un inconnu qui dure cinq minutes plutôt qu'une vidéo de trente minutes !** Quand vous serez connu, pas de souci, mais en attendant, soyez bref !

Pourquoi le montage est essentiel

Il existe une règle inhérente à l'univers du spectacle, et qui s'applique aussi bien aux livres qu'à la musique, au théâtre ou aux vidéos : régulièrement, il doit se passer quelque chose !

Au cinéma, lorsque vous voyez une longue scène avec un même décor et un personnage fixe qui parle, et que rien ne change, il est possible qu'au bout d'une minute ou deux, votre attention se relâche.

Si le réalisateur est malin, il opère un léger zoom, change l'angle de vue, ajoute un fond musical, fait marcher un passant derrière le personnage principal, modifie légèrement l'éclairage... Ces quelques détails, de manière consciente ou non, vont éviter ce sentiment de lassitude. Tout ce qui est en mesure de raviver l'attention est bon à prendre.

Voilà donc à quoi sert le montage : faire en sorte que l'attention du spectateur ou de l'auditeur soit régulièrement 'happée'. **Il faut que, très régulièrement, il se passe quelque chose !**

Si vous avez écrit un bon scénario et défini un storyboard, le montage va couler de source puisque vous aurez juste à enchaîner toutes les séquences que vous avez tournées en suivant ce plan. Pour chacune des séquences, de plus, vous pourrez sélectionner la meilleure prise.

Disposer d'un ordinateur

Normalement, cette condition ne devrait plus trop poser de souci de nos jours. Mais comme on ne sait jamais, autant le dire avec précision : pour opérer un montage de qualité, il vous faut idéalement disposer d'un PC ou un Mac.

Si vous ne gérez vos vidéos que depuis votre smartphone ou même depuis une tablette, vous serez rapidement limités au niveau des possibilités de paramétrages – notamment celles abordées au chapitre 3. Or, certains détails vont faire toute la différence !

Les logiciels de montage gratuits

Les professionnels du montage ne jurent généralement que par deux logiciels : Final Cut et Premiere. Tôt ou tard, si vous devenez un YouTubeur émérite, vous serez tenté d'acquérir l'un de ces deux programmes et de vous former à son usage – ils vous ouvrent un éventail de possibilités énorme ! Mais ils coûtent très cher !

En attendant, chacun peut démarrer sans débourser un maigre centime grâce à deux logiciels, gratuits, que l'on trouve sur PC ou Mac : **VSDC sous Windows, et iMovie**, qui pour sa part est fourni en standard avec chaque Mac d'Apple.

L'avantage de ces deux logiciels (outre le fait qu'ils ne vous coûtent rien) est qu'ils sont simples à utiliser. Pour apprendre à les utiliser, vous trouverez toutes sortes de tutoriels gratuits sur le Web comme sur YouTube.

Toujours améliorer la qualité de la réalisation !

Le maître mot, pour ce qui est de YouTube est : **qua-li-té**. Cherchez toujours à améliorer la qualité : idée originale, scénario vif, finesse de l'image, beauté du décor, clarté du son...

Dans le chapitre 4, nous allons aborder divers accessoires que vous pouvez acquérir pour améliorer la qualité de votre vidéo : microphone, trépied pour stabiliser l'image, toile verte, éclairages... Vous n'aurez pas forcément le budget nécessaire pour de tels accessoires au début et pouvez parfaitement vous débrouiller avec un iPhone ou un smartphone Android ou Windows.

Idéalement, offrez-vous au moins un Gorilla Pod (voir chapitre 4) pour être sûr d'avoir une image stable, **car une image qui ne serait pas stable est inacceptable de nos jours.**

En attendant de pouvoir vous offrir du matériel de 'pro', il existe de nombreuses façons de faire en sorte que les spectateurs d'une de vos vidéos aient envie de la recommander à leurs amis, ou de voir d'autres clips créés par vous... Voyons en quelques-unes ici.

Des parties prévisibles

Un grand nombre de YouTubeurs adoptent un type de « séquence prévisible », avec une forme qui progressivement devient familière pour le spectateur. Le contenu change mais la forme de base demeure. En gros, le « prévisible », c'est tout ce qui reviendra régulièrement, comme votre « marque de fabrique ». C'est ce qui fera votre identité. **C'est un procédé utile pour « familiariser » votre public**, qui reconnaîtra votre « style de vidéo » au premier coup d'œil. Ainsi, Paul Taylor dans **What the f... France** parle à un dénommé Jean-Pierre et décline toujours son argumentaire comme quoi la France est vraiment difficile à comprendre pour un britannique. **Le générique et les séquences musicales placées au début comme à la fin sont toujours les mêmes.** Ne croyez pas que devoir tout changer à chaque vidéo est important. Au contraire, surtout au début, « formatez » votre concept jusqu'à ce qu'il vous appartienne. De son côté, Norman aime à proférer une affirmation forte en début de vidéo puis à placer un panneau comme celui-ci :

NORMAN - LA CRISE DES 30 ANS

Utilisez un décor familier et non distrayant !

Un même décor d'une vidéo à une autre aide à renforcer l'impression de familiarité. Ce facteur a contribué au succès d'une série comme Friends. Il a été adopté par de nombreux YouTubeurs, souvent par la force des choses puisqu'ils utilisaient leur chambre comme théâtre des opérations. S'ils changent de pièce au bout de quelques mois ou années, ce facteur aide à situer la série de vidéos de la chaîne dans le temps.

Il va de soi que l'esthétique du décor, l'harmonie des éléments qui s'y trouvent (des meubles et objets d'un même style) va contribuer à rendre la vidéo professionnelle. Les plus grands cinéastes soignent les moindres détails du décor, car même si le spectateur n'y prête pas attention dans le feu de l'action, ces éléments contribuent à rendre une scène crédible et agréable à regarder.

Le décor n'a pas besoin d'être sophistiqué, il doit juste contribuer à rendre l'image globalement plaisante. La présence d'un objet qui jure avec les autres (par exemple une commode Louis XV dans une chambre pour le reste meublée de façon 'cool') pourrait atténuer cette impression d'une vision confortable.

Les décors homogènes, relativement sobres aident à mettre en avant le ou les personnages ou objets principaux. Ainsi, la pièce dans laquelle vous filmez doit être disposée de façon à ce qu'aucun élément ne détourne l'attention. Voyez la section 'Cadrage et composition' dans le chapitre 4 pour en découvrir plus sur la façon de gérer le décor, et notamment ce qu'il faut éviter.

Un autre élément qu'il peut être bon d'exploiter est le 'code couleur'. Par exemple, Cynthia Dulude exploite très souvent un fond assez sobre, d'une couleur rose tirant vers le gris, pour donner ses conseils de maquillage. Inversement, la plupart des vidéos de beauté d'EnjoyPhoenix reposent sur une teinte bleue en arrière-plan. Tout ce qui peut engendrer ce sentiment de familiarité peut être bon à prendre.

DE L'IMPORTANCE D'AVOIR UNE PUBLICATION TRÈS RÉGULIÈRE

Quel que soit le thème de votre chaîne, **il est important de définir un rythme de publication régulier** : toutes les semaines, tous les quinze jours, tous les premiers lundis de chaque mois ?

Vers les débuts français de YouTube, un groupe français a testé la chose avec un succès immense, et le modèle a été répété avec bonheur depuis par de nombreux YouTubeurs. Le groupe s'intitulait **La Chanson du Dimanche**. Ses deux membres, Alexandre et Clément, avaient pris le pari de poster une nouvelle chanson tous les dimanches. La toute première chanson a été mise en ligne le 18 février 2007. Et soudain, à partir du 21 octobre 2007, un buzz énorme s'est déclenché autour de la chanson **'Petit cheminot'** mise en ligne alors que la France connaissait une grève des transports (souvenez-vous de nos conseils pour surfer sur l'actualité de façon décalée !). À partir de là tout a changé pour le duo, comme en témoigne Alexandre Castagnetti :

« Par la suite, le rythme de croisière a été d'environ 200.000 vues par semaine. Et comme les compteurs tournent toujours, nous avons plusieurs chansons qui ont dépassé les six millions de vues. »

« Nous étions sans doute parmi les premiers à proposer un tel rendez-vous sur Internet. Et les rendez-vous, on sait bien que c'est ce qui rend la vie excitante... Entre un artiste sur Internet et un public qui commente spontanément, c'est génial pour apprendre à se connaître et à développer une complicité. »

De fait, la **Chanson du Dimanche** a connu un succès qui a largement dépassé YouTube, et le groupe a pu donner dans toute la France des concerts affichant salle comble. Le groupe s'est finalement séparé en 2012, ses deux membres souhaitant poursuivre d'autres activités. En tout cas, il a permis de démontrer l'efficacité de la régularité de publication ! Créer un rendez-vous avec votre public, c'est vraiment important ! Même si ça ne fonctionne pas forcément au début, vous allez quand même habituer vos abonnés et certains attendront votre vidéo comme on attend le prochain épisode d'une bonne série. Ces abonnés-là, ils seront gagnés !

FAITES VIVRE VOTRE VIDÉO !

Une fois qu'une de vos vidéos est en ligne, il vous faut contribuer à la faire vivre en répondant aux commentaires. Sachez-le : YouTube est sensible à l'aspect 'social' d'une vidéo.

Si vous obtenez un grand nombre de likes et de commentaires, YouTube va avoir envie de mettre votre vidéo en avant. Or vous pouvez y contribuer de maintes façons.

Répondre aux commentaires

Nous l'avons déjà vu plus haut, mais c'est vraiment important. Au début, incitez vos amis à laisser des commentaires sur vos vidéos. Plus ces commentaires sont longs et détaillés, plus c'est bon.

Quand un internaute laisse un commentaire sympathique, la moindre des choses est de le remercier. Mais en réalité, le mieux est de faire en sorte qu'un fil de discussion puisse s'engager. Vous pouvez demander à l'un de vos amis de lancer le débat, en plaçant une question ou une remarque à même de susciter de la controverse. Par exemple : *'Je trouve que la meilleure version de Mario Kart a été celle de la Nintendo 64'.*

De même, si vous avez posté un clip où vous jouez de la guitare, et qu'un internaute vous dit : 'Super ! J'ai moi aussi une Ibanez', vous pouvez lui dire : 'Ah bon, tu joues quoi ?'. Ou bien répondre : 'Il y a d'autres guitaristes qui ont une Ibanez ?'. Vous voyez le topo ? C'est pour cela que TOUS les YouTubeurs influents insistent en terminant leurs vidéos par « Lâchez vos commentaires ! Réagissez en laissant un commentaire ! Donnez-votre avis dans les commentaires ! », etc. **Parce qu'ils ont compris que ça boostait leurs chances d'attirer l'attention de YouTube !** Donc vous aussi, n'oubliez jamais d'inciter la communauté à s'exprimer. Même les différences d'opinions peuvent être bonnes puisqu'elles vont amener beaucoup d'internautes à laisser des commentaires. Faites attention néanmoins aux thématiques et à ne pas vouloir scandaliser pour attirer les commentaires. Car sur Internet, tout part très rapidement « en sucette » et les clashs violents arrivent vraiment rapidement. Bref, évitez autant que possible les invitations à des débats politiques, culturels ou encore religieux. Car vous aurez peut-être beaucoup de commentaires, mais votre fil de commentaires va rapidement se transformer en poubelle...

Foncez sur les réseaux sociaux !

Nous l'avons vu au chapitre 1 mais on ne saurait trop le répéter : partagez vos clips sur Facebook, Twitter, Pinterest, Reddit...

Avec un peu de chance, vos fans partageront le 'post' Facebook où vous annoncez votre vidéo. Idem sur Twitter. Il y a donc là matière à obtenir énormément de vues. N'oubliez pas de demander à partager !

Conseils de pros !

Joueur Du Grenier

(+2,9 Millions d'abonnés)

Comment se blinder quand on est attaqué par des trolls ?

Il ne faut jamais oublier qu'Internet, c'est une poubelle. Internet et les réseaux sociaux sont remplis de gens haineux qui vont prendre un malin plaisir à vous faire du mal, gratuitement, sans raison. Il faut vraiment avoir conscience qu'Internet peut vous faire très mal si vous êtes sensible. On trouve plein de gens gentils, qui vous encouragent, mais gardez à l'esprit que dès que vous commencerez à être un peu connu, ils vont petit à petit être remplacés par des gens malveillants qui n'auront qu'une envie : vous insulter, vous voir couler. Il faut le savoir et bien l'intégrer et l'accepter. Il faut, malgré tout, être un peu blindé psychologiquement. Si vous avez peur d'en souffrir, peut-être est-il mieux de ne pas vous lancer.

Comment gérer les trolls ?

Quid des trolls ? Il n'est pas rare qu'un YouTubeur se décourage à la suite d'un message véritablement malveillant posté par un troll. Ce qui peut sembler étrange, par exemple, c'est qu'une chanteuse va récolter dix commentaires positifs et un seul qui soit négatif. Assez souvent, elle ne va s'arrêter que sur celui-là et parfois décider de tout arrêter, ne serait-ce que temporairement – je l'ai observé plus d'une fois. **Pour une raison étrange, ce message négatif aura plus d'impact que les dix commentaires positifs.**

Alors comment gérer les trolls ? De la façon suivante. Sachez-le : **il est INÉVITABLE que certains commentaires seront désobligeants.** INÉVITABLE. **Préparez-vous psychologiquement dès le départ à en avoir !** Anticipez-le. **Un exercice amusant consiste à imaginer des commentaires négatifs de ce type, juste pour s'y habituer avant que cela n'arrive.**

On peut le déplorer, mais une part, heureusement faible, des humains prend un malin plaisir à 'casser' le moral d'autrui. Ces gens existent et il est illusoire de croire qu'on n'en croisera pas un sur son chemin tôt ou tard. Alors, le mieux, c'est évidemment de savoir à l'avance que tôt ou tard, un troll se manifestera pour vous dire tout simplement que votre vidéo est nulle, que vous n'avez pas de talent et parfois s'en prendre même gratuitement à votre physique. Si vous vous êtes bien préparé psychologiquement à la chose en sachant qu'elle doit arriver, l'impact sera moins terrible. Peut-être même en rirez vous !

Attention : les plus terribles des trolls sont ceux qui prétendent agir par gentillesse, se faisant passer pour des spécialistes de la vidéo ou de tout autre domaine pour mieux expliquer combien votre travail ne vaut rien, tout en précisant qu'ils le disent 'pour votre bien'. Là encore, il suffit de savoir que ces langues de vipères existent, et que tôt ou tard, elles prendront l'une de vos vidéos pour cible.

Quoi qu'il en soit, le MEILLEUR CONSEIL que l'on peut vous donner, **c'est de ne JAMAIS RÉPONDRE À UN TROLL !** Même s'il est difficile de se retenir ! Ne cherchez jamais à discuter avec un troll pour vous défendre. Pire, ne cherchez surtout pas à contre-attaquer en cherchant à le blesser votre tour. S'il sent qu'il vous a offensé, il va jubiler car c'est ce qu'il cherche. Il se peut même qu'il ne vous lâche plus. **Face à un troll, la meilleure riposte, c'est de l'ignorer !** Sinon, si vous ne pouvez pas vous retenir, sachez que bien souvent, la façon la plus désarmante de se comporter avec un troll est d'être gentil avec lui. Un message du style : 'merci d'avoir pris le temps de me donner votre avis' est souvent suffisant. Mais ignorer complètement le commentaire est mieux encore.

Enfin, n'oubliez pas que vous pouvez supprimer l'affichage de tout commentaire que vous jugeriez trop déplaisant. Mais entre nous, un commentaire de troll perdu au milieu d'une vingtaine de commentaires sympathiques, c'est plutôt amusant en réalité. N'oubliez pas que dans ces cas-là, même si ça vous fait mal, aux yeux de tous les autres, c'est lui qui passe pour un aigri et se ridiculise tout seul. Bref, devenez fort et préparez-vous à recevoir des insultes. **Imaginez-les souvent dans votre tête avant de commencer. Et quand cela arrive, ignorez-les, n'y répondez pas !**

Conseils de pros !

Joueur Du Grenier

(+2,9 Millions d'abonnés)

Et vous, comment avez-vous fait pour vous blinder ?

Au début, on n'y arrivait pas ! Certains commentaires, franchement, nous ont blessé. Mais on a vite appris à faire la distinction entre les critiques constructives et les insultes gratuites. Autrefois, on n'osait pas virer les commentaires négatifs, on laissait tout. Maintenant, on modère. Non seulement parce que notre chaîne n'est pas une poubelle mais parce que ça fait du bien de virer les trolls ! Ça soulage ! On se sent plus léger... En fait, pour réussir à se blinder, il faut déjà avoir conscience que ça va forcément nous arriver. Si vous savez que ça va arriver, vous avez déjà fait un grand pas. Bref, ayez conscience que vous aurez des gens méchants qui tenteront de vous faire du mal, même si vous ne leur avez rien fait...

Incitez ouvertement les spectateurs à s'abonner

Si un internaute a aimé l'une de vos vidéos, il sera naturellement tenté de la partager avec ses amis, de la liker et peut-être aussi de s'abonner à votre chaîne. Pourtant, il n'est jamais superflu de le demander expressément.

What The Fuck France - La Télévision Francaise

De grands YouTubeurs comme Norman ou Paul Taylor le rappellent à la fin de chacune de leurs vidéos. Ils placent toujours un panneau afin d'inciter l'internaute à s'abonner à leur chaîne, liker, commenter...

Dans certains manuels de formation au marketing, il est recommandé d'agir ainsi : il faut demander explicitement à la personne de faire quelque chose, si l'on veut augmenter les chances qu'elle le fasse. Donc suivons ce conseil : il est bon d'achever chaque vidéo par une mention incitant l'internaute à s'abonner, à découvrir d'autres vidéos de votre chaîne...

Le chapitre 3 expose certaines fonctions de YouTube qui peuvent y aider : voir la section Fiches et Ecrans de fins.

Le bouton d'abonnement

Certains YouTubeurs affichent en permanence un logo représentatif de leur chaîne en superposition de l'image. C'est une bonne chose, mais le mieux est de mettre à profit une fonction particulière de YouTube : le bouton de partage – également appelé 'watermark'. Il s'agit d'une icône qui apparaît en bas et à droite de l'image. Si la souris passe dessus, le bouton **S'abonner** est affiché à l'écran. L'avantage, c'est que les internautes peuvent ainsi s'abonner à votre chaîne d'un clic sans que cela interrompe la vidéo.

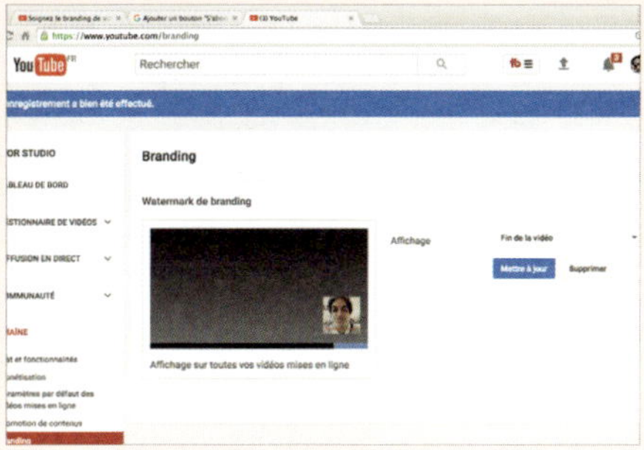

Comment créer un tel watermark ?
Créez une image rectangulaire (de 1 Mo maximum) avec un logiciel de dessin ou de retouche photo dans laquelle vous pouvez placer la mention telle que **'Abonne-toi'**, votre nom, votre image, le logo de votre chaîne... **Ne chargez pas trop ! Cela doit rester lisible et clair !** Souvent, on a envie de faire un truc super design, avec plein d'effets mais il est faux de croire que les effets vont impressionner les gens. Au contraire, plus c'est simple, plus c'est efficace. Sauvegardez-la au format .PNG en mode transparent.

Connectez-vous à votre compte YouTube et accédez à **Creator Studio**.

Sélectionnez **Chaînes** puis **Branding**. Cliquez ensuite sur Ajouter un **watermark**.

Importez l'image créée plus haut. Vous pouvez choisir de la diffuser durant toute la vidéo ou seulement au début ou à la fin. À présent, ce watermark sera présent sur tous vos clips et facilitera l'abonnement à votre chaîne.

Créer des playlists

Que faire si vos vidéos traitent de sujets différents : science, sport, films que vous avez appréciés ? Devez-vous tout garder dans un même dossier « fourre-tout » ou bien tout classer par genre ? Vous pouvez par exemple créer une chaîne différente pour chaque thème, mais cette solution n'est pas forcément simple à gérer si vous avez plus de deux comptes YouTube. On perd un temps fou à jongler entre les différentes chaînes à gérer. **Donc l'autre solution est de regrouper vos clips par thème en créant des playlists**.

Pour ce faire, rendez-vous dans l'onglet **Playlist** de votre chaîne et **indiquez un titre pour votre Playlist.**

Une fois cette Playlist affichée, sélectionnez **Vos videos YouTube** et sélectionnez les vidéos de votre chaîne qui correspondent à cette playlist.

Il vous est possible d'ajouter à cette playlist des vidéos créées par d'autres YouTubeurs, ce qui peut aider à créer un programme au contenu riche qu'il sera facile de partager.

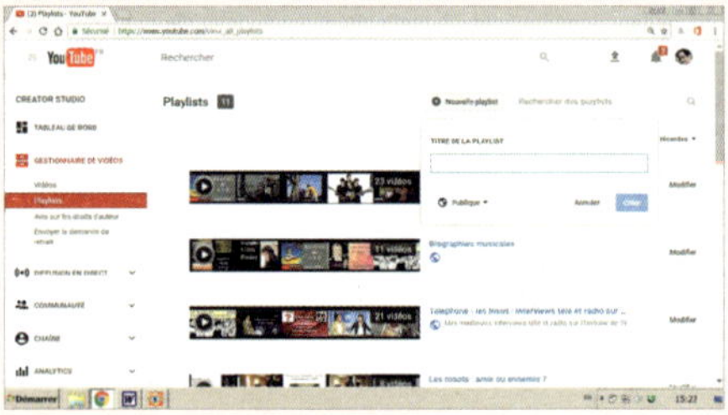

Dans les **paramètres généraux de la Playlist**, le mieux est d'organiser les vidéos afin qu'elles soient classées par défaut selon l'ordre : **de la plus récente à la plus ancienne**. De cette façon, vos fans verront en premier vos nouveautés.

L'option **Partager** vous donne l'URL que vous pouvez promouvoir sur vos réseaux sociaux, partager avec vos proches...

Pourquoi est-il intéressant d'avoir des playlists ?

D'expérience, certaines playlists obtiennent un succès important car certains fans de votre chaîne ou bien d'un thème savent qu'ils vont ainsi pouvoir regarder un long programme de vidéos basées sur un sujet qu'ils adorent. Plutôt que de perdre du temps à chercher parmi vos dizaines de vidéos celles qu'ils vont vouloir regarder, les internautes vont cliquer sur votre Playlist et la lecture se fera de bout en bout ! Ils resteront bien plus longtemps sur votre chaîne **et ils se familiariseront plus vite à celle-ci** ! Donc, pourquoi s'en priver ?

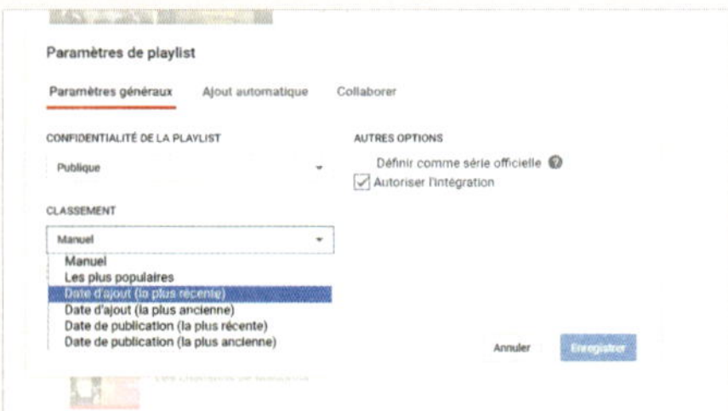

Dans ce chapitre, nous avons insisté sur la qualité et sur la nécessité pour vous de tenir au mieux les quatre rôles principaux d'un YouTubeur : comédien, scénariste, réalisateur et monteur. Autant de fonctions sur lesquelles vous devez vous efforcer de devenir un expert.

À présent, il nous faut aborder un point crucial : comment faire en sorte que l'on vous trouve aisément sur le Web ? C'est un chapitre à ne surtout pas négliger car c'est celui qui **comporte le plus de « secrets » que la plupart des YouTubeurs débutants ignorent** !

QUELQUES NOTIONS BASIQUES DE MONTAGE VIDÉO

Le principe des logiciels de montage

Le principe d'un logiciel de montage est simple : vous fabriquez la version finale de votre vidéo. Si vous avez plusieurs scènes, c'est lui qui va vous permettre de les assembler. Idéalement, chargez vos séquences sur l'ordinateur et assemblez les unes à la suite des autres en suivant le plan de votre storyboard. Si vous avez tourné plusieurs versions d'une même scène, vous pouvez choisir la meilleure d'entre elles. Vous pouvez couper la fin d'une séquence, ne conserver que la meilleure partie, etc.

Un logiciel de montage vous permet aussi d'ajouter du texte, des images fixes, des effets, des animations – certains sites comme animationlibrary.com proposent en effet des animations gratuites que vous pouvez insérer au sein de votre clip - une bande sonore musicale, etc.

Passons en revue ces divers éléments. Nous prenons ici comme exemple iMovie sachant que les principes abordés plus bas valent pour tous les logiciels.

L'interface d'un logiciel de montage

Quel que soit le logiciel de montage utilisé, vous devriez généralement retrouver trois éléments :

- **un « chutier »** qui accueille toutes vos séquences vidéo, pas toujours dans l'ordre. Dans l'image ci-dessous, le chutier se trouve en haut sur la droite. Nous y avons déposé diverses séquences tournées avec un smartphone ou un camescope, mais aussi des images Jpg, des animations récupérées sur des sites Web, etc.

- **une « Timeline »** dans laquelle nous pouvons assembler les clips issus du chutier. Ici elle se trouve au bas de l'écran. La timeline fait apparaître la chronologie des séquences de notre vidéo. Dans l'exemple ci-dessus, nous avons fait glisser trois morceaux du chutier vers la timeline.
- **une fenêtre de visualisation du clip en cours**. Sur iMovie, celle-ci est de grande taille. Elle permet de visionner aussi bien des clips du chutier que des clips placés dans la timeline. Sur les logiciels plus avancés comme Final Cut, deux fenêtres de visualisation sont disponibles, une pour les clips issus du chutier et une autre pour les clips placés dans la timeline.

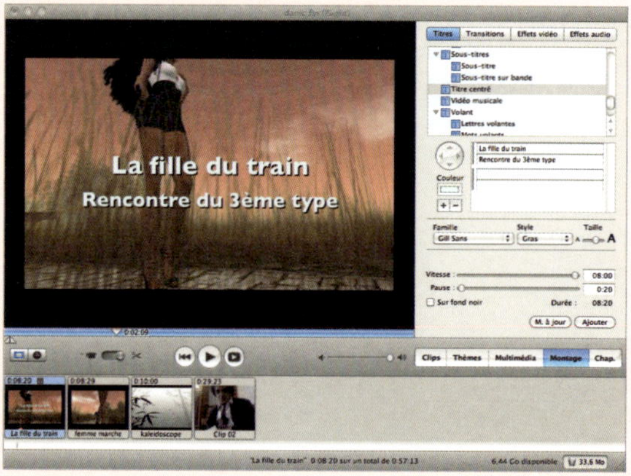

Texte

L'un des points essentiels d'un logiciel de montage est qu'ils vous permettent d'ajouter du texte et donc notamment un titre sur l'une des séquences. Dans votre vidéo, il vous faut au moins un panneau d'ouverture (un générique en d'autres termes) donnant le titre de celle-ci, votre nom, etc. Il faut aussi un ou plusieurs panneaux avec du texte en fin de vidéo pour placer un générique de fin, indiquer des mentions telles que 'Abonnez-vous à ma chaîne', inciter les internautes à regarder d'autres vidéos de votre chaîne, etc.

Vous pouvez ajouter des sous-titres à votre vidéo à certains endroits, mais comme nous le verrons au chapitre 3, YouTube peut gérer l'ajout de sous-titres lui-même et il le fait vraiment bien !

Intégrer un jingle musical

Les logiciels de montage permettent généralement de distinguer clairement la piste vidéo et la piste audio – placée juste au-dessous. Et comme dans l'exemple ci-dessus, il est possible de supprimer la piste sonore d'un ou plusieurs clips placés dans la Timeline, afin d'ajouter un autre fond sonore.

Ainsi, **il peut être bon de démarrer chaque vidéo par une musique ou un bruitage que vous aurez choisi et qui sera la marque de votre chaîne.** Dans cet exemple, nous avons pris un fichier audio présent sur le Mac et l'avons drainé dans la Timeline. Nous pouvons voir ici que, s'il a remplacé le son du premier clip, cette séquence audio s'est superposée à la piste audio du deuxième clip.

Il est aisé d'ajuster le volume de telles pistes audio – afin qu'une musique soit jouée en toile de fond pendant que vous parlez, par exemple.

Si votre vidéo est une soluce de jeu vidéo, vous avez là la marche à suivre pour réaliser une voix off différente de celle enregistrée au départ. Capturez les images de la soluce (avec un logiciel tel que Camstudio sur PC ou Snapz Pro sur Mac). Enregistrez ensuite une voix off tandis que vous lisez la vidéo de la soluce puis placez cette séquence audio à la place de la piste audio originelle. Et oui, c'est aussi simple que cela !

Sur chaque console, il existe des solutions simples de capture vidéo du jeu auquel vous êtes en train de jouer. Ainsi, sur Xbox One, il suffit de dire quelque chose du style *'Hey Cortana, enregistre cet élément !'* pour que la capture démarre. Sur PS4 ou sur Switch, la procédure est plus complexe mais vous trouverez de nombreuses vidéos vous expliquant la marche à suivre sur YouTube.

Transitions et effets

Il y a une dizaine d'années, les effets de transition avaient le vent en poupe : une séquence remplaçait la précédente en créant un effet de damier, ou l'apparence d'un rideau défilant vers la gauche. George Lucas a été le premier à en abuser ! De nos jours, ces effets sont passés de mode et ils auraient plutôt tendance à donner à vos vidéos un aspect ringard et démodé. **Donc évitez les effets de transitions**, même si vous trouvez ça très sympa...

Contentez-vous pour l'essentiel de fondus au noir, bien pratique pour terminer une scène. Ou d'un fondu entrant noir. Le fondu enchaîné peut également être mis à profit.

La remarque vaut pour les effets. Il y a une quinzaine d'années, les vidéastes se plaisaient à multiplier les simulations de pluie ou de brume sur leurs séquence, de traiter l'image comme si elle passait derrière un verre déformant. Les logiciels de montage abondaient de tels effets, extrêmement faciles à appliquer – et ils en offrent toujours aujourd'hui. Là encore, ces effets sont passés de mode, et vous pouvez ignorer la plupart d'entre eux. Ne les utilisez qu'avec sobriété et seulement lorsque l'un d'eux est réellement approprié à une scène donnée.

S'il est un effet que vous pouvez utiliser de temps à autre, et de préférence de manière lente, c'est un léger zoom. Il peut contribuer à ce que nous avons indiqué plus haut de faire en sorte que régulièrement, il se passe quelque chose. Un zoom grossissant comme un zoom décroissant est pareillement bienvenu.

Le format favori de YouTube

Sauvegardez de préférence votre vidéo en .MP4, le format préféré de YouTube. Il s'agit d'un format utilisant une 'compression' des images et donc plus facile à uploader qu'un fichier reposant sur un format de base comme Quicktime (.MOV).

Les paramètres recommandés sont les suivants :
Dimension : 1080p (soit 1920 x 1080 pixels) ou 720p (1280 x 720). YouTube repose sur un format 16/9e et ces dimensions respectent un tel ratio. Si jamais vous uploadez une vidéo filmée avec une caméra reposant sur un format 4/3, des bandes noires apparaîtront sur les parties gauche et droite de la vidéo, une fois celle-ci chargée sous YouTube.

Un débit de trente images / secondes constitue une bonne moyenne. S'il est très supérieur à ce chiffre, vous obtenez une vidéo plus fluide mais un fichier bien plus gros, ce qui peut ralentir le streaming – lors de la lecture, la vidéo va parfois se mettre en pause, le temps de charger les données. Un débit trop faible accélère le streaming mais peut donner une piètre qualité d'image.

Si votre logiciel propose l'option Désentrelacé, sélectionnez-la. Explications : pour faciliter la diffusion sur les téléviseurs, les films étaient autrefois codés selon deux systèmes de lignes alternatives. Sur les appareils fonctionnant en streaming comme les PC et smartphones, l'entrelacement n'est pas forcément bien géré.

Chapitre 3

Optimiser ses vidéos et sa chaîne YouTube...

COMMENT OPTIMISER SES VIDÉOS ET SA CHAÎNE YOUTUBE ?

Une fois que vous avez mis des vidéos en ligne, vous n'êtes qu'au début du chemin.

À présent, il faut faire en sorte que les internautes découvrent vos vidéos et aussi leur donner envie de la regarder. Or, le plus souvent, ils vont découvrir votre vidéo en réponse à une requête... Cela signifie qu'ils ne tomberont pas dessus par hasard ! **C'est vous qui allez donner à votre vidéo toutes les chances pour apparaître le plus haut possible dans les moteurs de recherche.**

La plupart des gens trouvent les vidéos qui les intéressent en faisant une recherche. Pour aider les utilisateurs dans ce sens, YouTube utilise un algorithme complexe composé de plus d'un million de lignes de code. L'algorithme décide des résultats qui seront affichés et dans quel ordre. L'un des principaux facteurs utilisés pour classer les résultats sont les « métadonnées » de la vidéo.

En gros, qu'est-ce que les « métadonnées » ? Il s'agit des éléments suivants :

- le titre,
- la description,
- les mots-clés.

Vous pouvez associer ces informations à votre vidéo lorsque vous l'uploadez sur YouTube, ou bien par la suite. Elles doivent être **pertinentes avec le contenu de la vidéo** mais aussi **intégrer les mots-clés que les internautes pourraient taper** pour la trouver.

YouTube classait autrefois les vidéos avant tout en vertu de leur popularité - le nombre de fois où elles avaient été visionnées. Pourtant, ce système n'était pas optimal. Certains tentaient d'influencer leur classement en cliquant sur leur vidéo de manière répétée, ou bien en achetant des vues à des sociétés services peu recommandables...

YouTube est donc progressivement passé à un système d'évaluation plus sophistiqué : la qualité d'une vidéo est maintenant mesurée à la longueur du temps passé à la regarder. **Si la vidéo est visionnée jusqu'à la fin, YouTube estimera qu'elle correspond aux termes de recherche utilisés et qu'elle est donc digne d'un classement élevé !** YouTube intègre d'autres critères pour évaluer la place qu'aura une vidéo dans les résultats de recherche et modifie régulièrement son algorithme pour empêcher les utilisateurs de le manipuler.

Un internaute peut avant tout influer sur les trois critères évoqués plus haut : titre, description et mots-clés. Mais aussi, comme nous allons le voir en associant énormément de texte à sa vidéo. Nous allons tout vous expliquer dans ce chapitre et c'est ça qui vous permettra de faire la différence...

Les quatre sources de visites principales

Les quatre principales sources de visites vers une vidéo sont les suivantes :

1. Le moteur de recherche de YouTube
2. La colonne de droite de YouTube
3. Le moteur de recherche de Google
4. Les réseaux sociaux

Nous avons abordé les réseaux sociaux lors du chapitre 1 et 2. Dans le présent chapitre, nous allons voir comment donner le maximum de chances à votre vidéo d'être visible sur YouTube comme sur Google.

Le moteur de recherche de YouTube

Lorsque vous tapez un sujet sur YouTube, comme ici '**histoire jeux video**', YouTube propose une série de vidéos correspondant à cette requête.

Si vous parvenez à placer une de vos créations dans ces pages (idéalement dans les deux ou trois premières pages de résultat), **vous augmentez fortement les chances de visites** vers votre vidéo.

Conseils de pros !

Le Monde à l'Envers

(+650.000 abonnés)

Comment avez-vous fait connaître votre chaîne au départ ?

On a honte, mais au tout début, on postait nos vidéos dans les commentaires de Cyprien, Norman, Hugo Tout Seul ou encore sur la chaîne « 10 minutes à perdre ». Mais franchement, ça ne marchait pas et puis de toute façon, aujourd'hui, ce n'est plus possible. En réalité, c'est grâce au partage. Dès qu'on faisait une vidéo, on l'envoyait à nos amis en leur demandant de la partager. Et on a progressé petit à petit...

La colonne de droite de YouTube

Une deuxième source majeure de visites est la colonne de droite de YouTube. Tandis que l'internaute visionne une vidéo, YouTube lui affiche d'autres vidéos généralement sur le même thème et qui pourraient l'intéresser. **Il est fort possible que l'internaute clique sur l'une d'entre elles.**

Le moteur de recherche de Google

La troisième source est le moteur de recherche Google. Étant donné que Google est propriétaire de YouTube, vous aurez remarqué qu'il arrive fréquemment que Google propose aussi des vidéos à consulter dans la liste des réponses à votre recherche. Et comme une image apparaît alors dans la page des réponses de Google (la miniature de votre vidéo), ce résultat est particulièrement visible ! **La tentation pour l'internaute de cliquer dessus est grande !**

Un grand nombre des points que nous allons étudier plus bas vont influencer ces trois types de sources de visite.

Connectez-vous à votre compte YouTube, sélectionnez **Creator Studio** pour accéder aux **options de mises à jour** de votre vidéo.

L'IMPORTANCE DES TITRES, DESCRIPTIONS ET MOTS-CLÉS

S'il est un point à avoir à l'esprit, c'est le suivant.

YouTube est un site de diffusion de vidéos. Toutefois, pour savoir ce que contient votre vidéo, YouTube (et il en est de même pour Google) repose sur un facteur essentiel : **le texte associé à la vidéo.** Sans ce texte, les robots de YouTube ne peuvent pas deviner le sujet de votre vidéo. Logique, non ? Donc pensez à vraiment soigner ces points.

Il en résulte une chose : plus vous associez de texte à votre vidéo, plus vous augmentez vos chances d'être repéré par YouTube et Google.

Les trois principaux textes associés à une vidéo sont le titre, la description et les mots-clés accessibles depuis le panneau **Informations générales**.

Le titre de la vidéo

Soignez particulièrement le titre de façon à donner envie à l'internaute de regarder la vidéo. Mais créez aussi votre titre en pensant en termes de requêtes que l'internaute pourrait taper. Avant tout, ne choisissez pas un titre trop générique.

Un exemple ? Imaginons que votre vidéo explique comment, dans Minecraft, bâtir un portail qui vous transporte dans la dimension du Nether. Il s'agit d'un niveau extrêmement important pour les joueurs avancés de Minecraft.

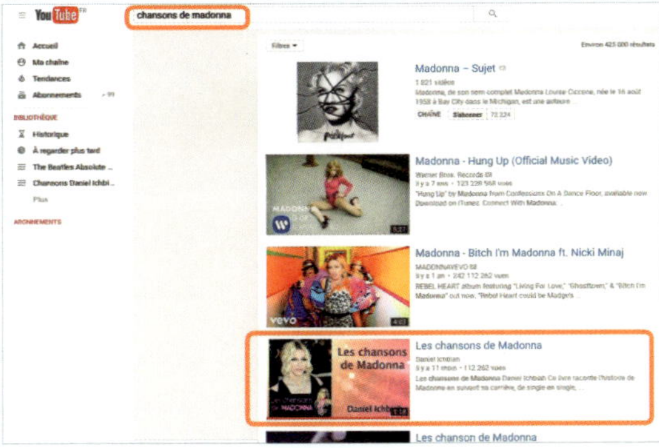

Donc évitez de donner à votre vidéo des titres tels que :

- Vidéo Minecraft
- Solution Minecraft

Si quelqu'un tape des mots clés tels que ceux-ci, il semble quasi impossible qu'il trouve votre vidéo car elle sera noyée parmi des milliers d'autres. Adressez-vous explicitement à ceux qui ont le besoin exact auquel votre vidéo répond. Le titre pourrait être le suivant :

- Minecraft – comment atteindre le Nether
- Minecraft – bâtir un portail vers le Nether

Idéalement, vous pouvez faire en sorte que ce titre puisse répondre à plusieurs types de requêtes différentes. Exemple :

- Survivre dans le Nether | Homme cochon zombie , cubes de magma, wither squelette

Ainsi celui qui va taper 'Nether homme cochon zombie', 'Nether cubes de magma', 'Nether wither squelette', 'Survivre dans le Nether' pourrait avoir une chance de tomber sur votre vidéo.

Description

Vous pouvez inclure jusqu'à 5.000 caractères dans la description. Et comme YouTube analyse tous les mots de votre texte, **il est bon de lui en donner une bonne quantité !** Peut-être que ce n'est pas agréable pour un internaute d'avoir beaucoup de texte mais de toute façon, 90 % des gens ne le liront pas. En revanche, les robots de YouTube vont tout prendre en compte alors faites-le pour eux. Donnez-leur à « manger » !

Seuls les 175 premiers caractères de cette description apparaissent à côté de la miniature présentée à l'internaute, donc veillez à ce que cette partie soit explicite. Incluez-y les principaux mots clés par lesquels vous souhaitez que votre clip soit repéré.

Joueur Du Grenier

(+2,9 Millions d'abonnés)

Quelle est la longueur idéale pour une vidéo ?

Cela dépend des critères. Mais pour commencer, on conseille des vidéos de moins de dix minutes. Parce que sur YouTube, les gens zappent aussi vite qu'à la télé. La plupart des gens regardent des vidéos dans le train ou le bus, pendant les transports, ou quand ils ont cinq ou dix minutes à tuer. Ensuite, quand on débute, il vaut mieux avoir des vidéos courtes car il est plus facile de rythmer une vidéo courte que des vidéos longues. Il n'y a rien de pire qu'une vidéo qui traîne en longueur où on commence à s'ennuyer.

Dans la description, il existe un certain nombre de points qui peuvent aider au référencement de votre chaîne, que nous détaillons ici.

Invitez les internautes dans la description !

Dans le texte de description, pensez à toujours inciter les internautes à s'abonner à votre chaîne et **ajoutez l'URL de votre chaîne à côté de cette mention.**

Au chapitre 2, nous vous avons recommandé de systématiquement demander au spectateur de s'abonner à votre chaîne donc cela pourrait paraître redondant. Oui mais, si l'internaute lit la description, pourquoi ne pas le lui rappeler ?

Placez l'adresse de la vidéo dans la description !

Un grand nombre de spécialistes du référencement affirment que si l'on place l'URL de la vidéo dans la description, cela ne peut être que bon. Autant le faire.

Placez l'adresse d'une autre vidéo de votre chaîne !

Dans la description, indiquez l'URL d'une ou plusieurs autres de vos vidéos ou bien d'une playlist que vous avez créée. Vous pouvez inclure du texte expliquant pourquoi il peut être bon de regarder ces vidéos. C'est autant de nouvelles références que les robots vont prendre en compte sur vos vidéos. Plus elles gagnent en nombre de références, plus elles seront visibles.

Indiquez l'adresse d'un site Web !

Idéalement, il est bon d'indiquer l'adresse d'un site Web associé à la vidéo. Dans le site Web en question, vous pouvez intégrer la vidéo en question. De cette façon, la vidéo donne du « poids » (en termes de référencement) à la page Web et la page Web renvoie du « poids » à la vidéo.

Abusez des Mots-clés !

Vous avez droit à environ 500 caractères de mots-clés et donc, il est essentiel d'utiliser au maximum cette opportunité car elle est analysée en détail par YouTube et a une forte influence sur le référencement de votre vidéo.

Comment optimiser le titre, la description et les mots-clés ?

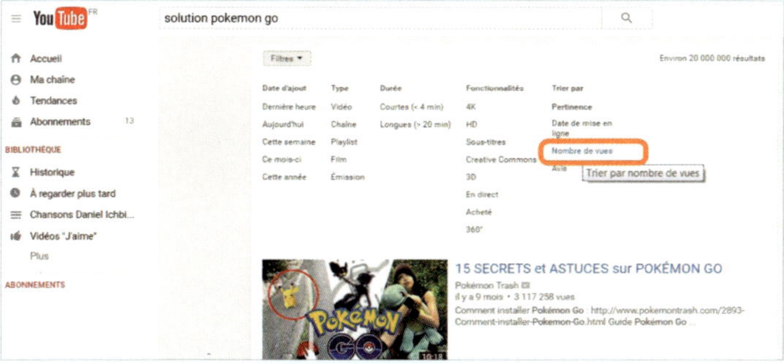

Nous allons vous donner ici une astuce importante pour votre référencement.

Tapez dans le moteur de recherche de YouTube une requête correspondant au thème de votre vidéo. Cliquez ensuite sur **Filtres** puis sélectionnez **Trier par nombre de vues**.

Les vidéos sont affichées par nombre de vues. Jouez la première d'entre elles. Puis affichez le « code » sous-jacent à la page de cette manière :

- Sous Firefox, sélectionnez **Développement** puis **Console Web**.
- Sous Chrome, sélectionnez **Plus d'outils** et **Outils de développement**.

Dans les deux cas de figure, vous voyez apparaître du « code » qui pourra sembler obscur. Ne vous en faites pas, seuls deux parties nous intéressent. Dans la boîte de recherche, tapez **keyword.**

Vous voyez alors apparaître la description complète de la vidéo, et les mots-clés utilisés pour référencer celle-ci.

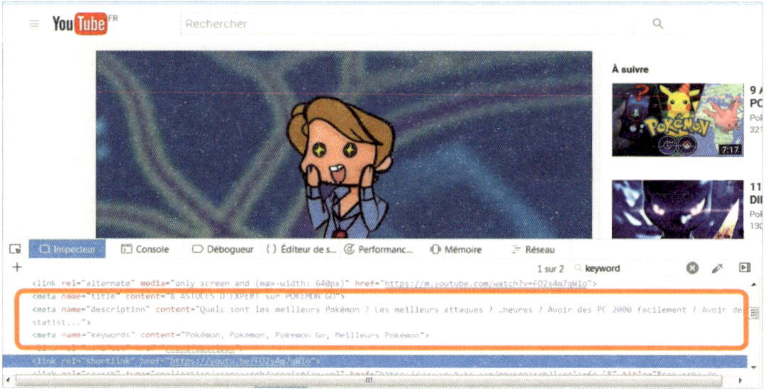

Copiez ces informations dans deux fichiers Word, l'un pour la description et l'autre pour les mots-clés. **Faites de même pour les dix vidéos les plus regardées**.

Inspirez-vous ensuite des descriptions de ces vidéos pour réaliser la vôtre. Et surtout, choisissez comme mots-clés de votre vidéo les mots-clés des dix vidéos les plus regardées. Vous serez souvent étonné du résultat dans quelques jours et semaines !

POURQUOI AJOUTER DES SOUS-TITRES ?

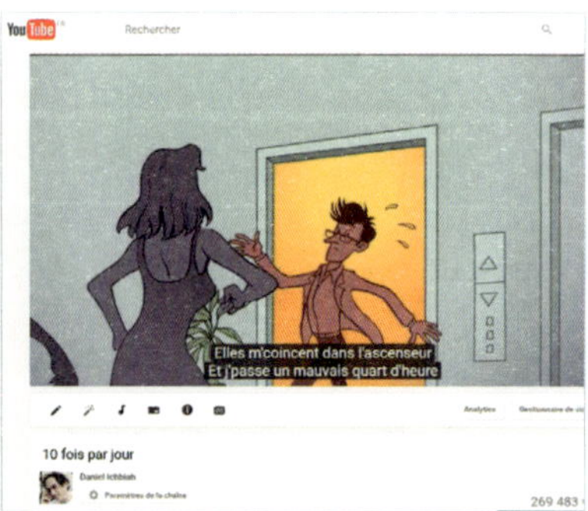

Ajouter des sous-titres entre dans une même logique : c'est agréable pour l'internaute, **mais c'est aussi une source de texte que YouTube analyse**. De plus, si votre vidéo est regardée depuis un pays étranger, YouTube effectue une traduction automatique, de relativement bonne qualité.

Pour inclure des sous-titres, les façons les plus simples sont les suivantes.

Dans la section **Sous-titres,** choisissez **Ajouter des sous-titres** puis **Créer des sous-titres**. Jouez alors la vidéo sur la droite, puis tapez les sous-titres au fur et à mesure en cliquant sur le **+** pour les inclure au fur et à mesure dans la vidéo.

L'autre solution consiste à d'abord taper tout le texte des sous-titres dans un fichier .TXT. Dans la section **Sous-titres**, choisissez **Importer un ficher** puis **Transcription**. Une fois votre fichier texte chargé, YouTube va se charger de synchroniser ce texte avec la vidéo (il effectue un travail de reconnaissance vocale de haut niveau).

Cliquez enfin sur **Publier** pour que les sous-titres soient inclus avec la vidéo.

UTILISEZ LES FICHES ET LES ÉCRANS DE FIN

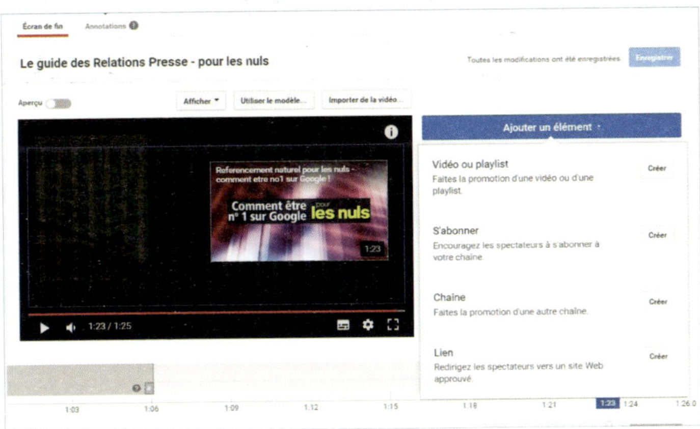

Dans un même ordre d'idées, YouTube vous permet d'ajouter à votre vidéo des fiches et écrans de fin. Les écrans de fin peuvent aider à diriger l'internaute vers une autre de vos vidéos ou playlists, les inciter à s'abonner, etc.

N'hésitez pas à tirer parti de toutes ces possibilités. Plus vous en ajoutez et plus vous donnez de chance aux internautes de connaître votre univers et à YouTube de savoir ce que contient votre vidéo.

L'IMPORTANCE DE LA MINIATURE

Toutes les vidéos de YouTube sont présentées à l'internaute sous la forme d'une photo miniature. **L'aspect de cette miniature est essentiel** car c'est elle qui va donner aux internautes l'envie de regarder votre vidéo !

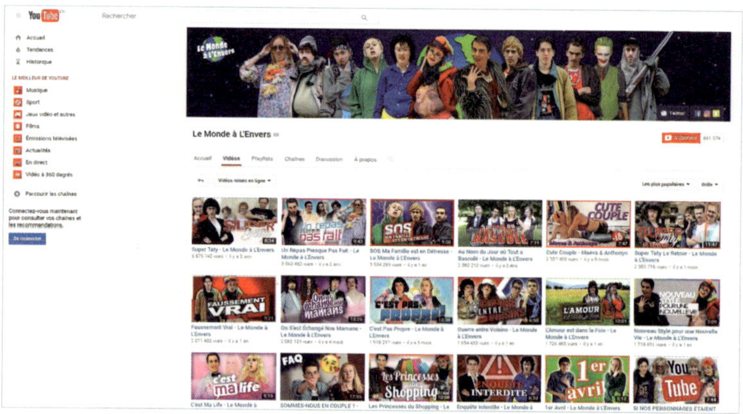

Quand vous uploadez une vidéo, YouTube choisit lui-même la miniature affichée parmi trois extraits de votre vidéo. Comment choisir laquelle convient le mieux ? Dans le panneau **Infos et Paramètres**, il vous est possible de choisir parmi deux autres miniatures. Toutefois, ces trois miniatures sont rarement adéquates. **L'idéal consiste à créer sa propre miniature**, qui soit à même d'attirer l'œil de l'internaute.

Créer sa propre miniature

Les miniatures doivent idéalement respecter le format 16/9 de YouTube et donc, l'idéal est de les créer au format 1280 x 720 pixels ou bien un multiple/une fraction de ce format comme 640 x 480. Vous allez le voir, c'est plus simple qu'il n'y semble au premier abord puisqu'il suffit pour avoir ce bon format de capturer une image de votre vidéo !

Pour capturer une image, trois méthodes sont possibles...

Capturer l'image désirée sur smartphone.
Sur un iPhone, un smartphone Android, ou une tablette, jouez la vidéo puis utilisez la méthode habituelle de capture d'une image. Vous obtenez une image que vous pouvez importer sur PC ou Mac.

Capturer l'image sous Windows
Sur un PC, lisez la vidéo .MP4 depuis le logiciel gratuit **VLC**. Une fois que vous repérez une image qui vous plaît bien, mettez la vidéo en pause puis sélectionnez **Vidéo / Prendre une capture d'écran**. Elle sera aux bonnes proportions.

L'image est ensuite disponible dans le dossier **Images** de Windows.

Capturer l'image sur MacOS
Sur Mac, lancez la vidéo .MP4 sous Quicktime Player et cliquez dans la vidéo pour ne pas faire apparaître le bloc de commandes de la vidéo.

Une fois l'image adéquate repérée, appuyez sur Shift Command 4. Sélectionnez alors l'image à l'aide du pointeur. Elle apparaît sur le bureau du Mac.

Ajouter un titre dans l'image

Une fois que vous avez choisi l'image désirée pour la miniature, utilisez un logiciel de retouche tel que **Paint** sur PC ou **iPhoto** sur Mac pour ajouter un titre.

Astuce :

> Évitez de placer du texte dans le coin inférieur droit car celui-ci serait alors masqué en partie par l'affichage du minutage de la vidéo par YouTube.

Charger la miniature sous YouTube

Dans la section **Infos et Paramètres** de la vidéo, vous voyez apparaître un bouton **Miniature personnalisée**. Cliquez dessus et chargez votre image.

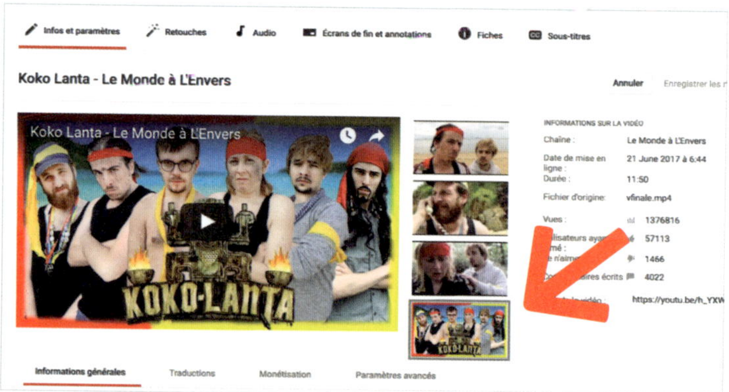

La miniature que vous avez créé apparaît à présent sous les trois miniatures par défaut. Cliquez sur **Enregistrer les modifications**. Vous verrez alors votre vidéo avec votre nouvelle miniature.

À présent, la miniature personnalisée munie d'un titre apparaît comme telle sous YouTube et elle peut inciter davantage les internautes à vouloir visionner la vidéo.

Astuces :

- Plusieurs spécialistes du référencement sur YouTube affirme que le fait de placer un visage face caméra aiderait à obtenir plus de visites.
- Sur la colonne de droite de YouTube, votre miniature apparaît sous une forme réduite (120 x 68 pixels). Il est utile de tester votre miniature à cette échelle et si nécessaire, d'ajuster éventuellement le contenu. Le texte doit être lisible même dans ce petit format !
- Au risque de nous répéter, pour procéder à son référencement, YouTube comme Google ne peuvent analyser que du texte. Donc, une bonne pratique consiste à prendre l'image créée pour sa miniature, faire un clic droit puis aller dans le panneau Détails. Associez alors du texte à l'image : mots-clés, commentaires, etc.

Conseils de pros !

Le Monde à l'Envers

(+650.000 abonnés)

Quel conseil donneriez-vous à des jeunes qui n'arrivent pas à se faire connaître ?

Nous croisons régulièrement des collégiens qui nous disent : « Ça me saoule, je fais des vidéos mais personne ne les regarde ! J'arrive pas à faire le buzz... ». On leur répond toujours : « Ce n'est pas grave ! Fais d'abord ce qui te plaît, toi ! ». Quand nous avons commencé, ça ne marchait pas du tout et seuls quelques potes à nous regardaient. Mais on s'en fichait car on pensait d'abord à nous amuser, nous et nos amis ! Aujourd'hui, les plus jeunes ne veulent pas se faire plaisir, ils veulent juste être connu et gagner de l'argent. Le souci pour eux, c'est que ça ne fonctionne pas comme ça. Vous n'y arriverez pas si vous ne pensez pas d'abord à vous faire plaisir, vous !

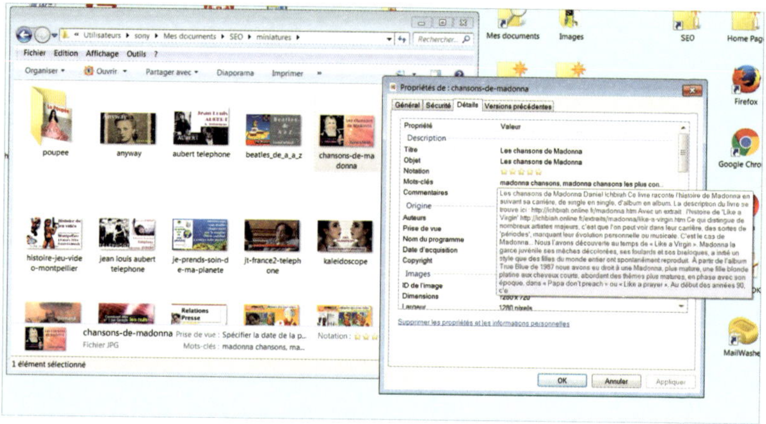

Du texte, du texte et encore du texte…

Si vous suivez les pratiques exposées sur cette page sur toutes vos vidéos, vous devriez améliorer notablement leur référencement. Donc souvenez-vous bien du point essentiel : **associez énormément de texte à vos vidéos** !

Chapitre 4

Les accessoires du « pro » !

Dès lors que votre chaîne commence à avoir un peu de succès, vous serez naturellement tenté d'acquérir un équipement plus sophistiqué, afin d'améliorer la qualité de vos vidéos.

Comme la concurrence est immense, ce facteur qualité est de plus en plus important sur YouTube. Il peut fortement aider à fidéliser votre public.

Nous allons ici aborder quelques accessoires à même d'améliorer vos vidéos mais aussi un sujet essentiel pour tout vidéaste : la composition. Ou comment cadrer au mieux vos sujets afin d'obtenir une image la plus agréable possible à regarder.

CONSULTER LES AVIS ET LES NOTATIONS

Chacun des accessoires décrit ici peut être acquis à des prix extrêmement abordables – généralement moins d'une vingtaine d'euros – sur des sites de vente usuels : Fnac, Darty, Amazon, eBay, PriceMinister, CDiscount, etc.

Comment savoir si le matériel acquis est de bonne qualité ? De nos jours, c'est extrêmement simple : il suffit de consulter les notes et avis laissés par d'autres internautes. N'achetez que du matériel pour lequel la majorité des notes sont bonnes et les commentaires élogieux !

TRÉPIED ET GORILLA POD

Il est fondamental, dans la plupart des vidéos (les exploits sportifs filmés avec une GoPro ou un drone constituent l'exception), d'avoir des plans fixes.

Des dizaines d'années de cinéma nous ont habitués à associer les plans fixes à un visionnage confortable. Quelle que soit l'intensité du mouvement à l'intérieur d'une scène, nous le tolérons aisément si le plan est fixe. Mais si tout bouge n'importe comment, ça devient vite insupportable. Impossible de se concentrer !

Pour obtenir un plan fixe, le smartphone peut être placé sur un support tel qu'un mini trépied – qui ne coûte qu'une dizaine d'euros environ.

Toutefois, il est conseillé d'acquérir ce que l'on appelle un 'Gorilla pod', soit un trépied qui a l'avantage d'être flexible. Dans bien des situations, il vous permettra d'obtenir l'angle de vue exact désiré. C'est surtout pratique si vous filmez chez vous et que vous avez un endroit où le poser (étagère, table, dos de chaise, etc.). Mais ce procédé est vite limité dès qu'on filme en extérieur. Il vaut mieux un vrai « pied de caméra » (voir plus loin).

Selfie stick

Une alternative peut être d'utiliser un selfie stick. Que vous filmiez une scène, ou bien vous-même, il est aisé de le stabiliser en

le calant contre un meuble ou un mur, contre son corps, entre ses jambes, etc. La plupart des selfie stick ne coûtent qu'une dizaine d'euros. Mais si vous avez un peu plus de moyens, certains plus perfectionnés permettent de commander votre smartphone directement depuis le manche (déclencheur photo/vidéo, etc.). Ça peut-être très pratique dans bien des cas alors dans la mesure du possible, regardez les options de chaque selfie stick et choisissez celui qui correspond le plus à vos besoins et à vos moyens.

Trépied de caméra

L'idéal, tôt ou tard, serait d'acquérir un pied pour camescope / appareil photo. Un tel pied a l'avantage d'avoir une hauteur ajustable, généralement jusqu'à 1,50 mètre environ. Bref, c'est vraiment l'accessoire qui s'adapte à toutes les situations et tous les lieux. S'ils étaient autrefois assez coûteux, il est possible d'en trouver pour environ quinze euros aujourd'hui sur certains sites de vente. Si vous utilisez un smartphone cependant, attention à ne pas oublier d'acheter un « adaptateur pour smartphone ». Car ces trépieds sont normalement prévus pour accueillir de gros appareils photos ou des camescopes. Parfois, ces adaptateurs pour smartphone sont livrés directement avec les pieds. Mais parfois non, alors vérifiez bien avant de commander ! Un adaptateur coûte lui aussi moins de dix euros.

ATTENTION AU SON ! UTILISEZ ABSOLUMENT UN MICRO EXTERNE !

S'il est un point qui est trop souvent négligé, c'est celui de la qualité sonore ! Pourtant, c'est peut-être le plus important ! Une prise de son claire, au volume optimal, va participer au confort du spectateur et donc à son désir de visionner d'autres vidéos du même créateur. Le son ne doit pas être trop faible, il ne doit pas non plus être si fort qu'il entraîne des saturations : il doit être le plus propre et audible possible.

Il faut donc, dès que possible, investir dans l'achat d'un micro externe. N'utilisez jamais le micro intégré dans votre smartphone ou sur votre caméra/appareil photo. Ils sont généralement de piètre qualité dès que votre bouche est éloigné de plus d'un mètre ! Si vous utilisez un smartphone, une tablette ou une caméra, vous pourrez brancher très facilement un vrai micro externe dans la prise casque ou la prise « micro ». Le seul souci, c'est que le matériel de son est généralement assez cher. Saviez-vous que le prix des micros cravates utilisées pour la télé pouvaient coûter plus de 2.000 euros pièce ? Et les invités ou les présentateurs en ont généralement deux

sur eux ! Mais si les télés sont prêtes à mettre de telles sommes dans de simples micros, c'est parce qu'elles ont compris que le son était beaucoup plus important qu'on a tendance à le croire !

Rassurez-vous, vous n'êtes pas obligé de dépenser autant. Des microphones à des prix allant de 50 à 60 € font souvent l'affaire pour débuter et offrent une qualité suffisante si vous êtes dans un endroit calme.

D'ailleurs, idéalement, le lieu d'enregistrement doit être le plus calme possible, sans risque de claquement de portes, de bruits d'ascenseur, etc. Il faut notamment éviter les lieux munis d'air conditionné qui amènent un bruit de fond que l'on ne détecte pas forcément soi-même mais qui devient soudainement très gênant dans une vidéo.

Conseils de pros !

Le Monde à l'Envers

(+650.000 abonnés)

Quelle caméra utiliser quand on n'a pas d'argent ?

Aujourd'hui, même avec un portable bas de gamme, on arrive à obtenir de relativement belles images ! Bref, utilisez votre smartphone ou celui d'un proche. Cyprien a bien commencé avec un vieil iPhone et ça ne l'a pas empêché de cartonner...

Si vous filmez lors d'une exposition ou dans un lieu animé, la solution consiste à utiliser un micro-cravate dissimulé sur un vêtement du sujet principal. Il en existe des pas chers (10-15 €), mais de qualité médiocre et avec des fils. Les meilleurs commencent généralement à des prix avoisinant les trente euros. On peut éventuellement s'accommoder de micros cravate filaires lorsqu'on fait un face cam' chez soi, à un ou deux mètres de l'objectif. Mais dès qu'on s'éloigne ou que l'on est filmé par quelqu'un d'autre, ça devient vite gênant. Dans ces cas-là, il faut utiliser un micro sans fil. On trouve de tels micros (micros USB sans fil) à partir de 80 ou 90 €. Ils sont très pratiques ! Si vous utilisez un smartphone, pensez aussi à acheter un adaptateur USB pour le brancher ! Et si vous trouvez que cela est trop cher pour vous, n'hésitez pas à vous le faire offrir pour votre anniversaire (vos copains et proches peuvent se cotiser pour vous faire ce cadeau qui vous simplifiera votre vie de YouTubeur !) ou à Noël.

PENSEZ À L'ÉCLAIRAGE !

Dès lors que votre budget le permettra, il importe aussi d'investir dans des éclairages. Il a été dit que la photographie est un 'langage de la lumière' et cela s'applique tout autant à la vidéo !

Un bon éclairage d'une scène est de nature à transformer du tout au tout l'image, en la rendant plus nette, plus nuancée, plus esthétique. Et pour cela, vous pouvez investir dans des « softbox » !

Les « softbox » ou boîtes à lumières sont conseillées : posées sur des trépieds, elles comportent une lampe à haut pouvoir d'éclairage.

La lumière des softbox apporte un éclairage puissant mais doux qui permet d'avoir une image beaucoup plus lisible et agréable. Faites un essai avec et sans

éclairage, vous verrez que vous n'avez pas du tout la même impression ! Les vidéos de Norman ou Cyprien sont toujours très bien éclairées. Ils ne se contentent pas de braquer la petite lumière posée sur leur bureau.

Il vous faudrait au moins une Softbox, de préférence deux et plus encore selon le niveau de perfection souhaitée. Autrefois, les softbox coûtaient une véritable fortune. Mais vous avez de la chance, car aujourd'hui vous pouvez trouver des kits (pied, ampoule et softbox) à partir de 30 € ! Choisissez le bon modèle en fonction des commentaires des utilisateurs sur Internet.

Les deux sources d'éclairages essentiels sont les suivants :

- La source de lumière principale, placée sur le côté (à 45° environ) du ou des personnages.
- Une lumière de remplissage située à l'opposé de la source principale, mais un peu plus en retrait. Elle a pour objectif d'adoucir les ombres apportées par la lumière principale sur un côté du visage. À défaut d'une lumière de remplissage, vous pouvez placer sur le côté opposé à la lumière principale un grand panneau blanc qui va réfléchir cette lumière. Un peu comme dans un studio photo professionnel !

Conseils de pros !

Joueur Du Grenier

(+2,9 Millions d'abonnés)

Quel est le secret pour avoir une vidéo techniquement de bonne qualité ?

La résolution de votre caméra, on s'en fiche ! Ce qui est important, c'est avant tout la lumière et le son ! Pour l'éclairage, nous on a utilisé une lampe de chantier Leroy-Merlin à 20 € pendant deux ans ! Bon, c'est vrai que ça chauffe très vite mais ça éclairait bien et c'était pas cher ! Mais le plus important, c'est le son ! Beaucoup de gens ont des caméras qui coûtent une fortune mais leur son est pourri. Et c'est dramatique car quand on entend mal, on décroche, même si c'est joli visuellement. Bref, on ne le dira jamais assez mais en vidéo, le son est aussi important que l'image. Voire davantage ! N'oubliez pas que beaucoup de gens mettent YouTube en fond sonore et ne regardent pas forcément la vidéo en même temps. Ils font autre chose. Bref, si votre son est mauvais, ils arrêtent très vite de vous écouter et ne reviennent plus. N'utilisez donc jamais le son direct de votre appareil, mais utilisez un vrai micro.

Pour obtenir un éclairage de haut niveau, vous pourrez plus tard rajouter des lumières d'arrière-plan, afin de faire ressortir ce qui se trouve dans le fond.

UTILISEZ UN ÉCRAN/FOND VERT !

La technologie de l'écran/fond vert est géniale si vous souhaitez vous placer vous-même ou bien la personne que vous filmez dans un décor de votre choix, à volonté ! Imaginez que vous vous filmez dans votre chambre mais que vous voulez apparaître sur une plage de sable fin. Avec le fond vert, c'est possible et très simple ! Vous pouvez donc avoir autant de décors que votre imagination le permettra.

La formule est simple. Vous disposez une toile verte en arrière plan du sujet. Une toile de fond de grande taille ne coûte qu'une douzaine d'euros environ. Tous les YouTubeurs ont commencé avec des simples draps verts, posés à l'arrache dans l'ouverture d'une porte ! Vous pouvez donc punaiser cette toile sur un mur ou, si vos moyens vous le permettent, acquérir un 'kit support de fond' certes un peu plus coûteux (compter une trentaine d'euros environ) mais qui évite les plis et offre un meilleur résultat.

Une fois la toile étendue (attention aux plis), vous pouvez désormais filmer le sujet (ou vous-même) devant ce fond vert.

Mais comment utiliser le fond vert dans le logiciel de montage ? Rassurez-vous, c'est très simple et ça se fait en deux clics ! Vous n'aurez aucun mal à trouver des tutoriels sur YouTube pour y arriver comme un pro. Le plus dur est finalement de trouver le bon décor en arrière-plan ! Mais une fois votre choix fait, votre drap disgracieux va laisser place à votre nouvel arrière-plan !

Astuce : prenez le temps de bien choisir vos divers fonds pour repérer celui qui convient le mieux à votre vidéo !

SOIGNEZ LA PRISE ORIGINALE !

Il sera possible d'améliorer considérablement la qualité de l'image et du son au fur et à mesure de vos vidéos et vous découvrirez diverses astuces au fil du temps. Vous pourrez aussi acquérir des matériels supplémentaires tels qu'un zoom optique.

Toutefois, pour démarrer, vous disposez d'un guide essentiel : vos yeux et vos oreilles.

Si l'image et le son sont de qualité au moment du tournage, il y a de fortes de chances pour qu'ils le soient sur le rendu final.

Soignez autant que possible ce matériau originel et ne vous dites jamais : je corrigerai cela au montage. L'idéal est de partir d'une image et d'un environnement sonore les plus nets possibles.

Conseils de pros !

Le Monde à l'Envers
(+650.000 abonnés)

Quel matériel à ne pas oublier pour avoir une bonne qualité ?

La lumière ! Les vidéos sombres, mal éclairées, les gens les zappent très très vite. Utilisez toutes les lumières à votre disposition. Braquer le maximum de lampes sur ce que vous filmez, ouvrez les volets quand il fait jour, etc. Sinon, nous, on utilisait les grands calendriers en carton en les recouvrant de papier aluminium de cuisine. Ensuite, on les orientait de façon à ce que la lumière de la fenêtre ou d'une lampe « tape » sur notre calendrier et nous éclaire le visage correctement. Et ça marche même avec des lampes !

IMPORTANT : CADRAGE ET COMPOSITION !

Une fois que votre smartphone – ou le caméscope numérique si vous en utilisez un – a été fixé sur un support stable, il importe de suivre quelques règles éprouvées :

> Dans le cadre d'une chaîne YouTube, il est bon d'installer un décor de base qui soit le même durant toute une série de vidéos et qui présente une certaine harmonie. Vous créez ainsi votre « identité visuelle », qui permettra à vos fans de reconnaître tout de suite votre vidéo par rapport à un autre YouTubeur.

> Il faut éviter que l'arrière-plan soit trop distrayant. Les objets qui apparaissent directement derrière le sujet ne devraient pas être trop larges et ne pas comporter de lignes ou couleurs susceptibles d'attirer excessivement l'attention.

- Lorsque vous vous filmez vous-même ou bien une autre personne, le plus sûr est de caler l'image de façon à ce que les yeux se situent à environ 1/3 du haut du cadre. L'erreur du débutant consiste à croire que le visage et les yeux doivent être au milieu. Non, le visage doit être plutôt dans la partie supérieure de votre cadre ! Regardez tous les meilleurs YouTubeurs qui fond du face cam', leur visage n'est JAMAIS au centre, mais légèrement en haut. C'est plus agréable à l'œil.

- En extérieur, vous devez absolument éviter d'avoir le soleil dans votre dos pour ne pas obtenir un effet de contre-jour (avec une lumière éblouissante) qui rendrait votre visage sombre et bien souvent inexploitable. Par ailleurs, un soleil trop fort peut engendrer des ombres disgracieuses. Il est donc bon de privilégier les lumières douces des débuts ou fins de journées.

- Si vous filmez une interview, l'usage veut que la personne interviewée regarde l'intervieweur, ce qui implique qu'il ne regarde pas la caméra mais ait le regard légèrement décalé.

- Autre erreur de débutant à éviter : on croit qu'il est bien de se placer juste devant un mur pour avoir un fond uni. Mais c'est rarement une bonne idée et surtout, ça fait très « amateur ». Il est donc préférable de laisser de l'espace entre le sujet et l'arrière-plan. Par ailleurs, les murs trop blancs peuvent rendre difficile de régler la luminosité globale.

- Le meilleur guide, c'est votre œil. Si l'image n'est pas bonne sur le smartphone, il n'est pas raisonnable de se dire : 'je corrigerai la chose au montage'. Certes, des logiciels comme iMovie permettent de contrôler le contraste, de gommer certains défauts mais ils ne peuvent réellement corriger une lumière de qualité insuffisante.

Chapitre 5
Peut-on vivre de YouTube ?

UN SEUL MOT D'ORDRE : FAITES CE QUI VOUS PLAÎT !

Créer une chaîne YouTube dans le seul but de gagner de l'argent n'est pas recommandé. Il sera sans doute difficile de tenir sur la longueur si vous n'opérez pas selon un critère plus généreux : partager vos passions, vos hobbies, vos coups de cœur, vos blagues, vos créations... Développer une large communauté demande de donner énormément de soi et vous aurez davantage à cœur de le faire si vous êtes motivé par le plaisir de partager !

Vous le découvrirez très vite : **gérer une chaîne YouTube avec une publication régulière demande énormément de travail.** Si vous voulez vraiment opérer à grande échelle, il vous faudra consacrer énormément de temps pour trouver constamment de nouvelles idées, filmer, faire du montage, répondre aux commentaires ou à ceux qui vous contactent, investir dans du matériel de plus en plus sophistiqué, apprendre à l'utiliser... **Ce n'est pas une activité de tout repos.** Si vous le faites avant tout par plaisir, avec pour ambition de servir vos « abonnés », d'échanger des moments d'amitié avec des milliers de gens, alors vous aurez davantage envie d'aller plus loin. Bref, avant de commencer à vouloir gagner de l'argent, commencer par faire ce qui vous plait ! Et n'espérez pas gagner votre vie avant longtemps ! Vous êtes des dizaines de milliers d'internautes à publier des vidéos chaque jour mais **seule une poignée de YouTubeurs parvient finalement à vivre de ses revenus YouTube.** Donc soyez patient et ne rêvez pas trop à la gloire et la richesse en quelques semaines, sous peine d'être vite déçu...

Cela étant dit, dès lors que votre chaîne va accumuler les vues, vous pourrez être tenté de la monétiser. En d'autres termes, de faire en sorte qu'elle génère un revenu. Ce revenu va venir de publicités diffusées juste avant vos vidéos et parfois aussi, s'il s'agit de vidéos très longues, d'annonces venant s'intercaler durant leur diffusion.

Voyons un peu comment cela fonctionne.

COMBIEN GAGNE-T-ON QUAND ON EST YOUTUBEUR ?

Il est possible de générer un revenu très honorable – quelques dizaines ou centaines d'euros par mois – via YouTube.

Certains YouTubeurs tirent l'essentiel de leurs revenus de cette activité et si l'on en croit la chaîne *Le Dîner du Cercle*, au niveau mondial, plus de 100.000 YouTubeurs auraient développé un chiffre d'affaires supérieur à 100.000 euros par an.

Un grand nombre de chiffres ont été publiés pour ce qui est des revenus des YouTubeurs. Si la plupart sont des estimations, il existe quelques chiffres officiels fournis par YouTube tels que ceux-ci :

- En 2015, le YouTubeur qui a réalisé le plus gros revenu est PewdiePie : 12 millions de dollars.
- Le nombre de chaînes affichant un revenu d'au moins 1 million de dollars augmente de 50 % chaque année.
- D'autres sources fiables avancent les chiffres suivants :
- YouTube reverse 55% des revenus bruts générés par les publicités dans vos vidéos (Webrankinfo)
- En France, selon des calculs effectués par le magazine Les Echos, au début de l'année 2016, deux des grandes stars française de YouTube touchaient les revenus suivants : pour Squeezie – qui s'astreint à poster une vidéo par jour - 480.000 euros par an, pour Cyprien 360.000 euros. À la même époque, Norman a laissé entendre qu'il gagnait environ 100.000 euros par an.

Oui mais, qu'en est-il du revenu que peut espérer un internaute moyen ? Divers montants ont été avancés, notamment celui de 1 euro gagné pour 1.000 vues environ. De quoi faire rêver lorsque l'on constate l'audience obtenue par certaines chaînes comme Golden Moustache, Rémi Gaillard ou Siphano. Mais ce calcul simpliste est-il véridique ? 1.000 vues pour 1 € ? Ça semble idyllique pour celui qui fait 1 million de vues (soit 10.000 € !).

En avril 2015, le YouTubeur **Le Rire Jaune** (Kévin Tran dans le civil), a publié une vidéo devenue fort populaire : **L'argent sur YouTube** où il fait la part des choses. Il nous y explique en premier lieu que **cette équation du 1 euro pour 1.000 vues est fausse.** Selon lui, il faudrait plutôt tabler sur un montant proche de 0,60 euro pour mille vues. Le Rire Jaune nous dit aussi qu'il n'est pas en mesure de révéler combien il gagne exactement du fait d'une clause de son contrat avec YouTube qui lui interdit d'en parler.

Kévin Tran nous explique tout de même qu'on ne peut pas appliquer l'équation nombre total de vues de la chaîne x 0,60 euro car :

- d'une part, toutes les vidéos qu'il a mis en ligne ne sont pas forcément monétisables – les explications sont données plus bas.
- certaines vidéos, bien que monétisables ne se voient pas forcément associées une publicité à un moment donné.
- la plupart des usagers utilisent adblock et d'autres « **bloqueurs de publicités** ». Et donc ces milliers d'internautes ne regarde pas de publicité. **Donc le YouTubeur ne gagne rien** (juste des vues) !

Conclusion Kévin nous dit qu'au final, il ne reste pour son frère Henry avec qui il gère la chaîne Le Rire Jaune et lui-même que l'équivalent de deux SMIC (environ 1.150 € x 2) ! Alors qu'il fait des millions de vues ! Donc ne vous attendez pas à recevoir 1.500 € tous les mois avec 400 abonnés ou des vidéos qui ne dépassent jamais les 10.000 vues...

Cette vidéo du talentueux Le Rire Jaune vaut réellement la peine d'être regardée car elle explique comment fonctionnent les droits d'usage sur YouTube et présente également d'autres sources de revenus potentiels annexes que vous pourriez vouloir utiliser par la suite, les networks et le placement de produit.

En prenant en compte ces diverses restrictions, il est plutôt d'usage de considérer à présent que la rémunération issue uniquement de YouTube se situerait davantage aux alentours de 0,3 € pour 1.000 vues. Faites le calcul : pour 100.000 vues, cela ne fait que 300 euros environ. C'est un revenu d'appoint (complémentaire) plus qu'appréciable si tant est que l'on peut atteindre les 100.000 vues par mois ! Or, réaliser 100.000 vues sur une vidéo, ce n'est pas donné à tout le monde...

Vivre intégralement de cette activité ne peut être envisagé que pour une minorité de YouTubeurs. Donc, encore une fois, ne vous lancez pas dans la vidéo sur Internet pour devenir riche : le plus important est de se faire plaisir !

COMMENT MONÉTISER SA CHAÎNE ?

Pour que votre chaîne puisse devenir une source de revenus, une première condition est nécessaire : avoir accumulé plus de 10.000 vues sur toutes vos vidéos.

Vous avez plus de 10.000 vues sur l'ensemble de vos vidéos ? Parfait ! Il vous faut donc maintenant :

1. configurer votre chaîne selon le **programme Partenaire YouTube.**
2. créer ce que l'on appelle un **compte Adsense**. Nous expliquons un peu plus bas de quoi il en retourne.

Nous allons vous guider sur ces deux étapes.

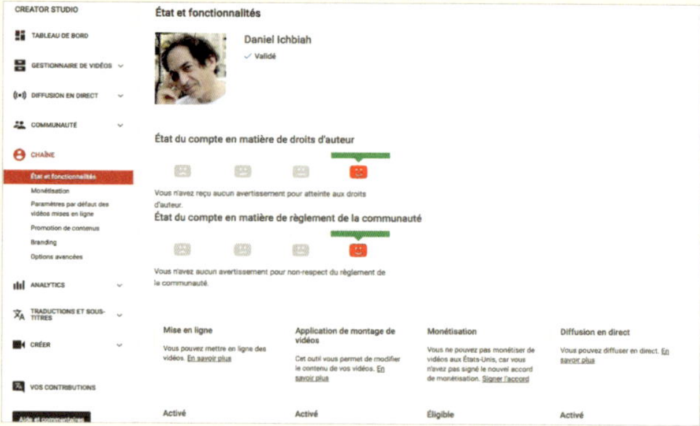

Pour vous affilier au programme Partenaire YouTube :

1. Connectez vous à votre compte YouTube puis ouvrez **Creator Studio**.
2. Sélectionnez **CHAÎNE** puis **États et fonctionnalités**.
3. Repérez le bloc intitulé **Monétisation**. Cliquez sur **Activer**. Suivez une à une les étapes indiquées.
4. À la fin du processus, la mention **Éligible** apparaît sous **Monétisation**.

ASSOCIER UN COMPTE ADSENSE À SA CHAÎNE YOUTUBE – GUIDE PAS À PAS

Adsense est le nom du programme publicitaire créé par Google, qui rappelons-le est propriétaire de YouTube.

Quand vous êtes propriétaire d'un site Internet, une fois que vous avez créé un compte Adsense et l'avez activé, vous pouvez définir un espace sur une page Web dans laquelle Google va placer des publicités en relation avec le thème de cette page. Chaque fois qu'un internaute clique sur une telle publicité, une part est reversée à l'internaute propriétaire de la page Web.

Dans le cas de YouTube, le programme Adsense peut être associé à une ou plusieurs vidéos d'une chaîne. Une séquence publicitaire est diffusée, généralement juste avant votre vidéo. Il arrive aussi qu'un panneau soit affiché au bas de la vidéo – l'internaute peut alors cliquer dessus s'il est intéressé par l'annonce. YouTube fait en sorte de sélectionner des publicités en rapport avec vos vidéos mais aussi avec les centres d'intérêt du spectateur. Il en résulte un programme publicitaire extrêmement efficace.

Nous allons vous guider pas à pas dans la création d'un compte Adsense depuis votre chaîne YouTube.

Dans la section **CHAÎNE**, cliquez sur **Monétisation**. YouTube vous indique que pour le moment, la monétisation n'est pas activée. La partie au-dessous s'intitule **Demander l'activation de la monétisation**. Cliquez sur **DÉMARRER**.

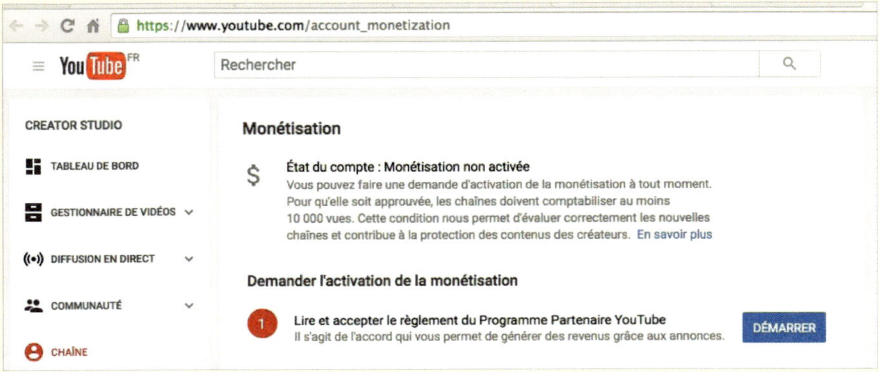

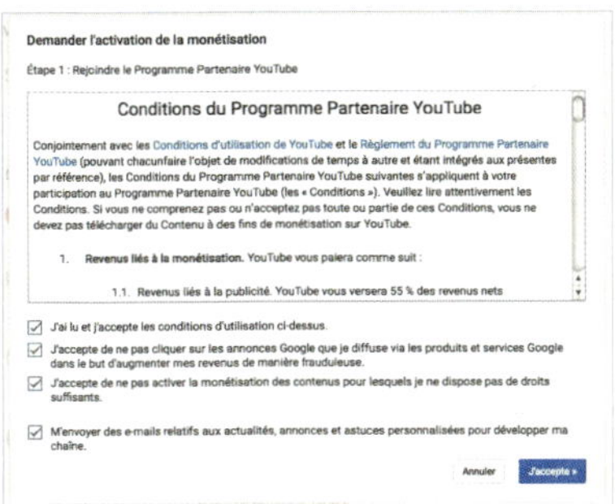

YouTube affiche le texte des **Conditions du Programme Partenaire YouTube**. Vous pouvez le lire ou bien demander à un adulte de vous en résumer les points essentiels. Sachez qu'il ne vous sera pas possible de monétiser une vidéo contenant un contenu protégé par les droits d'auteur – voir cette section plus bas - ou le contenu créé par un autre YouTubeur sans son autorisation. Sachez que si vous le faites (voir là encore la section « Droits d'auteurs »), YouTube désactive votre vidéo jusqu'à ce que la situation ait été réglée.

Avant de pouvoir passer à l'étape suivante, il faut valider les points suivants :

- Vous indiquez avoir lu et accepté les conditions d'utilisation.
- Vous vous engagez à ne pas cliquer vous-même sur les panneaux publicitaires affichés sur vos vidéos en vue d'augmenter vos revenus publicitaires. Il s'agit d'une pratique à laquelle se sont livrés quelques internautes lors des débuts du programme Adsense : ils cliquaient eux-mêmes sur les publicités affichées sur leurs pages afin de profiter du fait que Google rémunère au nombre de clics. **Cette pratique peut amener un compte à être banni**.
- Vous reconnaissez vouloir vous conformer aux contraintes légales en matière de droits d'auteur. Pour faire simple, vous certifiez que vous aller faire les choses correctement, sans voler le travail d'un autre (musique, vidéo, etc.). Rien de plus normal...

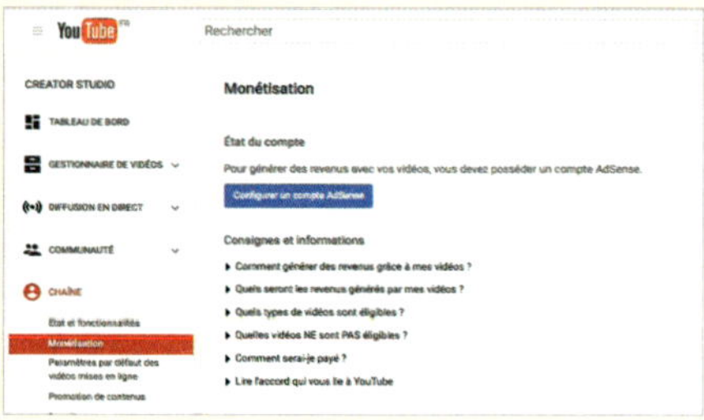

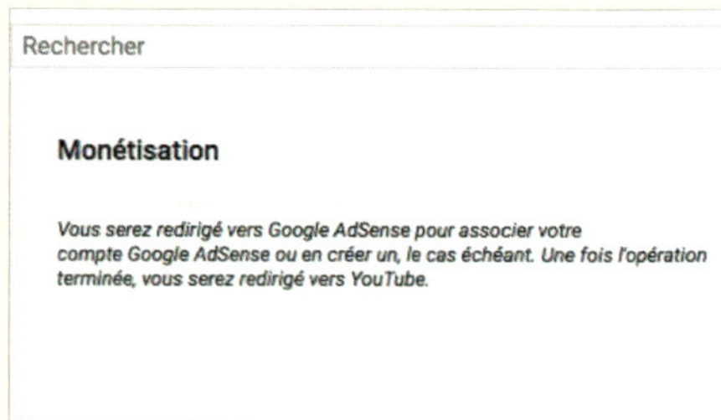

Une nouvelle fenêtre est affichée. Sélectionnez **Configurer un compte Adsense**.

La fenêtre qui suit vous indique que vous allez être redirigé vers le programme Google Adsense.

Votre compte Google est indiqué sur la nouvelle page au travers de l'adresse Gmail que vous avez créé (cf. chapitre 1). Cliquez sur **Oui**.

La page du compte Adsense correspondant à votre compte Google / YouTube est affichée. YouTube a automatiquement indiqué l'adresse de votre chaîne YouTube. Cliquez sur **Enregistrer et continuer**.

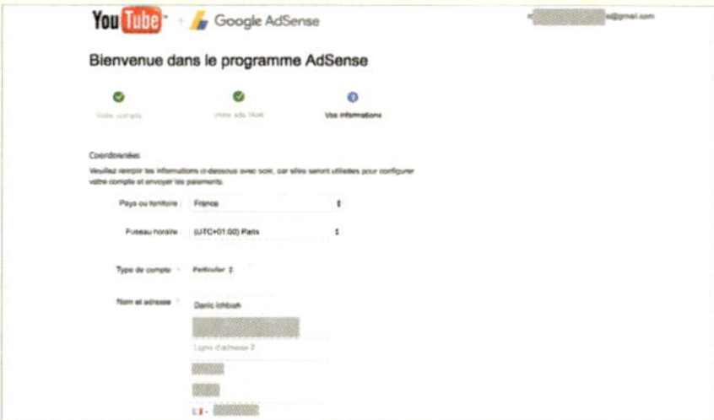

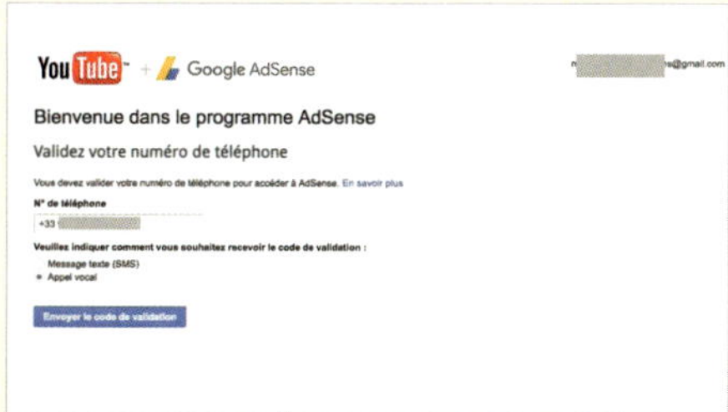

Sur la page suivante, indiquez votre pays, le fuseau horaire de référence (probablement Paris). Pour le **Type de compte**, choisissez **Particulier**. Indiquez ensuite votre nom et adresse, puis votre numéro de téléphone.

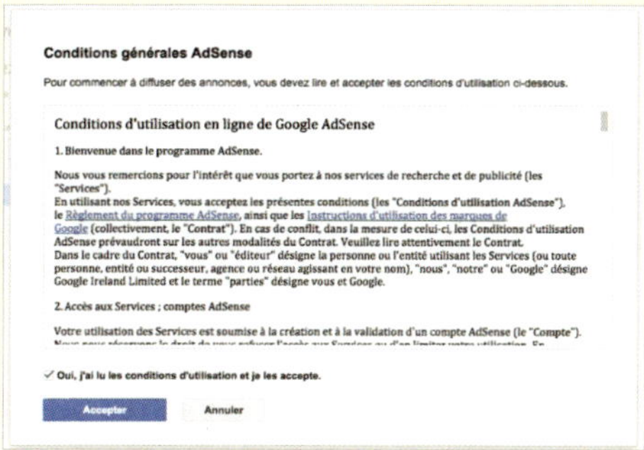

Au bas de cette page, cliquez sur **Envoyer ma demande**.

YouTube va à présent vous envoyez un code de confirmation. Vous pouvez choisir de recevoir un SMS ou un appel vocal. Introduisez le code reçu puis cliquez sur **Envoyer le code de confirmation**.

Sur la page des Conditions Générales, cliquez sur **Accepter** après avoir validé la case indiquant que vous avez lu lesdites conditions.

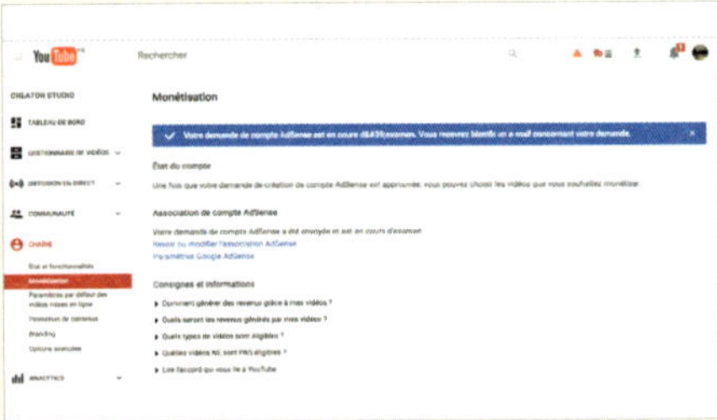

Et voilà. Votre demande de création de compte Adsense a été envoyée à Google/YouTube. Il faut compter plusieurs jours ou semaines pour qu'elle soit validée - cela apparaîtra alors sur **Monétisation** ou par le biais d'un email envoyé sur votre adresse Gmail. Il se pourrait que la validation soit refusée si après examen de votre chaîne, YouTube détecte des points contraires à sa réglementation – voir là encore la section Droits d'auteur.

À présent, si vous cliquez sur **Monétisation**, YouTube vous indique que cette fonction est activée sur votre compte. Il ne reste plus qu'à activer la monétisation sur des vidéos particulières.

COMMENCER À RECEVOIR DE L'ARGENT

Dès lors que vous avez été approuvé par le programme Adsense, il vous est maintenant possible de monétiser vos vidéos et donc de recevoir de l'argent. Voici la marche à suivre telle qu'indiquée par YouTube :

S'il s'agit d'une nouvelle vidéo que allez mettre en ligne :

1. Durant la mise en ligne, cliquez sur l'onglet **Monétisation** sur la page de mise en ligne.
2. Sélectionnez **Monétiser ma vidéo**.
3. Choisissez les formats d'annonce que vous souhaitez activer pour la vidéo. Cliquez sur **Enregistrer les modifications**. S'il s'agit d'une vidéo que vous avez déjà mise en ligne :
4. Accédez au Gestionnaire de vidéos.
5. À côté de la vidéo pour laquelle vous souhaitez activer les annonces, cliquez sur **Modifier** ou bien encore sur le bouton $ en vert que YouTube affiche dès lors que votre vidéo a été jugée comme monétisable.

6. Sélectionnez l'onglet **Monétisation**.
7. Sélectionnez **Monétiser ma vidéo**.
8. Sélectionnez les formats d'annonce que vous souhaitez activer pour la vidéo.
9. Cliquez sur **Enregistrer les modifications**.

Pour activer la monétisation sur plusieurs vidéos :

Activer les annonces pour plusieurs vidéos

1. Depuis le Gestionnaire de vidéos sélectionnez les vidéos que vous souhaitez monétiser.
2. Cliquez sur le menu déroulant **Actions (en haut de la page)**.
3. Sélectionnez **Monétiser**.
4. Choisissez les formats d'annonce que vous souhaitez activer pour ces vidéos.
5. Cliquez sur **Monétiser**.

Les paiements effectifs

Quid des paiements ? Vous pouvez connaître le montant accumulé par vos vidéos à tout moment en allant sur Google Adsense :

https://www.google.fr/adsense

Cliquez sur **Se connecter**. Vous verrez alors apparaître le montant qui vous est dû à un moment donné. **Attention ! Sachez que Google ne vous paye qu'à partir du moment où vous avez gagné au moins 70 €.** Cela veut dire que même si vous avez réalisé quelques milliers de vues et que votre compte adsense vous dit « Vos revenus pour ce mois s'élèvent à 29,04 € », vous ne recevrez pas cet argent ! Vous devez atteindre le seuil de 70 €.

Une fois que ce seuil sera atteint, il vous sera possible d'indiquer un moyen de paiement à Google. Pour ce faire, depuis Adsense, allez dans **Paramètres**, **Paiements** et **Mode de paiement**. Introduisez alors votre compte bancaire ou celui de l'adulte qui va recevoir vos paiements en attendant que vous ayez atteint la majorité.

Sachez-le : **si vous n'avez pas encore la majorité légale – soit 18 ans – il ne vous sera pas possible de toucher directement les revenus issus de YouTube**. Il faudra que ce revenu soit versé sur le compte d'un de vos parents !

Soit dit en passant, saviez-vous que légalement, l'âge minimum pour disposer d'un compte YouTube est de treize ans ? Pourquoi ? Car il s'agit de l'âge minimal à partir duquel on est considéré comme passible de sanctions pénales. Bon, bien évidemment, cela n'a empêché certains YouTubeurs fort jeunes de passer outre. Ainsi Mlle Lina a démarré sa chaîne de beauté alors qu'elle n'avait que 5 ans ! Mais les parents étaient responsables, eux ! S'il y avait eu un problème, ils auraient été sévèrement punis.

COMMENT DÉCLARER AU FISC LES REVENUS ISSUS DE YOUTUBE ?

Attention, sachez qu'en France, il est obligatoire de dire à l'État tout ce que vous gagnez ! C'est ce qu'on appelle « déclarer ses revenus ». Ensuite, vous allez payer des impôts si vos revenus sont suffisamment élevés. Si vous gagnez de l'argent avec YouTube, vous devenez un « professionnel » et pour cela, vous devez avoir un « statut professionnel ». Pour déclarer ses revenus issus de YouTube, le plus simple est de choisir le statut d'auto-entrepreneur. Dans cette configuration, aussi longtemps que le revenu annuel ne dépasse pas le montant 33.100 € (sur une année allant du 1er janvier au 31 décembre), vous allez obligatoirement reverser **23,29 %** de tout ce que vous allez gagner. Pour devenir auto-entrepreneur, consultez le site : http://www.lautoentrepreneur.fr.

Attention car il est obligatoire de déclarer tous ses revenus professionnels. Si vous ne le faites pas, vous risquez de lourdes sanctions alors pensez à bien vous créer un statut.

Une fois que votre revenu annuel dépasse la limite indiquée (il est en effet possible de la dépasser légèrement sur la deuxième année), le statut d'auto-entrepreneur n'est plus valable et vous devez alors acquérir un autre statut professionnel (SASU, SAS, SARL, il en existe plein mais si vous débutez dans YouTube, ça n'est certainement pas pour tout de suite...).

Ces problématiques liées à la fiscalité, aux impôts, aux statuts professionnels sont autant de paperasse vraiment contraignantes. Mais bon, voyez le côté positif ! Si vous payez des impôts, c'est que vous avez, quelque part, réussi votre pari de devenir un YouTubeur professionnel !

* * *

Conclusion

Et voilà. Nous sommes parvenus au terme de ce livre d'introduction à cette activité hautement appréciable qu'est celle de YouTubeur.

Comme nous le disions dans l'introduction, être YouTubeur est une opportunité qui n'existait pas il y a encore quelques années. Alors autant en profiter. Vous pouvez, de chez vous, dévoiler vos talents à toute une communauté. Il y a encore quinze ans, il était impossible de se faire connaître à grande échelle sans passer par la voie classique : auditions, concerts, démarche auprès d'une maison de disque, d'une production cinéma... YouTube a changé la donne et c'est pour le mieux.

Pour la petite histoire, sachez qu'un sondage réalisé par le journal Mickey a fait apparaître que les deux personnalités préférées des 7 – 14 ans étaient Cyprien et Norman !

Conseils de pros !

Joueur Du Grenier

(+2,9 Millions d'abonnés)

Quel est le secret pour y arriver ?

La patience ! C'est très rare les YouTubeurs qui gagnent en notoriété en quelques semaines. Or, peu de nouveaux YouTubeurs ont la patience d'attendre plus de six mois avant d'avoir un résultat concret. Nous, on a attendu deux ans complet avant d'avoir nos premiers revenus ! Pendant deux ans, on a travaillé gratuitement, sans rien gagner. Bref, notre véritable succès est d'avoir été patients, sans tout vouloir tout de suite. Bref, vous aussi, soyez patient, donnez-vous du mal sur chaque vidéo que vous faites et surtout, faites-vous plaisir, à vous et vos potes avant tout !

De là à dire que l'activité de YouTubeur puisse devenir un job à temps complet pour vous, nous vous le souhaitons volontiers, mais il est préférable de d'abord l'envisager comme une source de bonheur lié à l'échange avec d'autres, comme une opportunité extraordinaire de partager sa passion, d'acquérir une notoriété, de développer une communauté, des amitiés, de vous exprimer auprès d'autres fans des mêmes jeux, de la même musique, des mêmes films, de se rendre utile en prodiguant un peu de vos compétences ou conseils à ceux qui pourraient en avoir besoin.

N'est ce pas en soi une opportunité extraordinaire ?

Nous vous souhaitons énormément de réussite mais avant tout, énormément de bonheur dans votre activité de YouTubeur !

Conseils de pros !

Joueur Du Grenier

(+2,9 Millions d'abonnés)

Des astuces pour gagner en visibilité ?

Il y a des statistiques qui montrent qu'une vidéo aura plus de vues si elle est diffusée tel ou tel jour de la semaine et en soirée. Le week-end, on fait plus de vues. Ensuite, un autre conseil important : soignez votre miniature, car ça joue sur 30 % de vos vues ! Ne sous-estimez pas le design de vos miniatures car c'est avec ça que les gens vont vous découvrir ! Il faut une miniature colorée, avec un titre en gras, avec une photo du YouTubeur. Les gens veulent voir en gros plan qui va leur parler. Et le tout, avec des couleurs flashy. Cela dit, si vous faites une super miniature mais que le contenu est nul, vous aurez des vues une fois mais pas d'abonnés. Bref, soignez le contenu avant tout et faites ensuite une jolie miniature qui corresponde bien à la vidéo…

Le Monde à l'Envers
(+650.000 abonnés)

Comment gagner rapidement des vues ?

En travaillant ! Mais il existe aussi des astuces : vous pouvez faire des caméos ou des featuring. En gros, demandez à d'autres YouTubeurs que vous aimez bien de participer à vos vidéos. Comme ça, vous partagez ensuite vos communautés et vous développez mutuellement votre public. Même si vos amis n'ont que 200 abonnés, n'hésitez pas à les inviter. Ensuite, ils partageront votre travail et vous gagnerez peut-être quelques dizaines de nouveaux abonnés à chaque fois.

ATTENTION DANGER ! LES DROITS D'AUTEUR !

Pour qu'il soit possible de monétiser une vidéo, il faut que vous soyez propriétaire de son contenu ou ayez obtenu une autorisation d'usage. Ainsi, s'il s'agit d'une soluce de jeu vidéo ou d'un tutoriel sur un logiciel, il vous faudra pouvoir prouver à YouTube que le propriétaire de ce programme vous a donné une autorisation d'usage...

Abordons ici ce problème du droit d'auteur qui a deux aspects : d'une part, il vous protège en tant que créateur, d'autre part, il définit ce que vous avez le droit de mettre en ligne ou non.

Si vous créez un contenu original, unique, vous êtes instantanément protégé par le droit d'auteur. Le simple fait d'avoir mis une vidéo en ligne, vous donne l'antériorité sur ce contenu. Donc, personne n'a le droit de le dupliquer sans votre autorisation expresse. Si vous remarquez que quelqu'un a volé votre contenu, vous pourrez demander à YouTube de vous aider et **YouTube vous protégera en tant qu'auteur !**

Inversement, si vous mettez en ligne un contenu créé par d'autres, vous courez le risque de voir votre vidéo retirée par YouTube. Pire, si vous faites cela un peu trop souvent, **vous risquez de voir votre compte YouTube supprimé purement et simplement !** Sans compter les problèmes que vous pourriez avoir avec ceux qui sont furieux que vous leur ayez pris leur contenu !

Si quelqu'un détecte que vous lui avez volé du contenu, il va le signaler à YouTube. YouTube, alerté, va alors vérifier par lui-même la plainte. Et lorsque YouTube juge que vous avez effectivement utilisé une vidéo ou une musique portant atteinte au droit d'auteur, votre clip est alors suspendu ou bien encore, le bouton de Monétisation est bloqué. Vous recevez un message sur votre compte Gmail pour vous en informer. Le groupe en charge des droits d'auteur, Content-ID vous demande de prouver que vous avez utilisé ces séquences vidéos ou musiques de façon licite. Une fois cette preuve apportée, votre vidéo / le bouton de Monétisation est réactivé.

Il existe en effet des cas dans lesquels vous pouvez emprunter du contenu à d'autres créateurs.

Que peut-on utiliser gratuitement sans autorisation ?

> Certaines vidéos, certains films sont diffusés sous la licence Creative Commons, auquel cas, leur auteur donne explicitement l'autorisation à tout un chacun de les utiliser, mais généralement dans un cadre restreint (par exemple, dans une vidéo qui n'est pas exploitée à des fins commerciales). Généralement, le type d'usage accepté est pleinement indiqué et le mieux est de s'y conformer. Vous pouvez trouver plus d'information sur ce sujet sur le site http://creativecommons.fr

> Un grand nombre de musiques libres de droits sont accessibles sur le Web ou bien encore avec un coût d'usage extrêmement faible, comme sur Jamendo, où d'authentiques créateurs proposent des morceaux de qualité très professionnelle, tout en ne vous demandant que quelques euros pour leur libre usage.

> Certaines séquences sont tombées dans le domaine public comme celles diffusées sur le site Internet Archive. L'entrée dans le domaine public entre en jeu au-delà d'une certaine durée. Ainsi, en France, 70 ans après la disparition d'un auteur, son œuvre entre dans le domaine public et peut donc être acquise ou reproduite gratuitement. Il existe toutefois des exceptions à la règle et le plus sûr est de se renseigner.

Conseils de pros !

Le Monde à l'Envers

(+650.000 abonnés)

Un dernier conseil de pro à donner ?

Oui ! Toi qui nous lis, n'oublie jamais ça ! Ne fais jamais quelque chose que tu pourrais regretter un jour. Par exemple, toutes les vidéos 'prank', 'putaclic' où les gens font n'importe quoi, choquent, font des trucs dangereux, stupides, méchants, juste pour faire le buzz. Vous le regretterez très très vite ! Parce que ça tourne toujours mal et ça provoque des drames, des accidents, etc. Bref, ce n'est pas bien. Un conseil : avant de poster une vidéo, posez-vous toujours la question suivante : « Est-ce que je serai encore fier de cette vidéo dans cinq ans ? ». Si la réponse est non, alors détruisez-la !

> Depuis quelque temps maintenant, YouTube a mis en place un service génial : « **la bibliothèque audio** ». Cette bibliothèque est à disposition de tous les utilisateurs de YouTube. Il s'agit de milliers de musiques, chansons, bruitages, effets spéciaux que **vous pouvez utiliser gratuitement dans vos vidéos** ! Le duo de comiques Le Monde à L'Envers l'utilise régulièrement, par exemple. Surtout qu'il y en a pour tous les goûts et tous les styles. Bref, **n'utilisez jamais une chanson connue pour votre générique mais utilisez plutôt la librairie audio gratuite et libre de droits de YouTube** ! Pour y avoir accès, connectez-vous à votre chaîne et accédez à Creator Studio. Cliquez sur Créer et ensuite sur Bibliothèque audio. Choisissez votre musique, vos effets spéciaux que vous pourrez télécharger et utiliser dans votre logiciel de montage. Merci YouTube et les milliers d'artistes qui donnent leur travail !

- Il existe aussi un droit de citation qui vous permet, la plupart du temps, de reproduire un bref extrait d'une œuvre. Ainsi, si vous voulez parler d'une chanson, vous êtes libre de vous exprimer à son sujet sans rien risquer (sauf si vous dites des insultes). Mais avez-vous le droit d'utiliser la musique en question ? En réalité, **vous êtes autorisé à en reproduire moins de trente secondes, sans porter atteinte aux droits d'auteur**. Il existe un droit de citation audiovisuel qui n'est pas toujours explicitement défini. Dans le doute, vous pouvez demander une autorisation explicite au propriétaire du contenu. Ainsi, si vous chroniquez un film, la production autorisera généralement la diffusion d'extraits dans votre vidéo. **Il importe de clairement indiquer dans le générique de fin la source de l'œuvre citée et le fait que vous avez obtenu le droit d'usage**. Concrètement, indiquez dans votre générique : « Crédits musiques : titres (auteur/compositeur/éditeur). Avec l'aimable autorisation de (maison de disque ou auteur) ». Il est bon de savoir que le droit vous autorise à commenter, critiquer ou parodier une vidéo existante.

- Vous pouvez aussi avoir reçu une autorisation officielle d'utiliser une vidéo. Un exemple : en tant qu'auteur de livres, je suis régulièrement interviewé sur des chaînes vidéos ou encore à la télévision. Je fais donc en sorte d'obtenir une autorisation d'usage de telles séquences afin de les placer sur ma propre chaîne YouTube. Si vous faites en sorte d'obtenir de telles autorisations, il suffit de les envoyer à Content-ID pour que votre vidéo soit à nouveau autorisée.

Dès lors qu'une de vos vidéos a été bloquée pour atteinte présumée aux droits d'auteur, vous devez contacter Content-ID afin de leur apporter les preuves de votre bonne foi. La plupart du temps, votre vidéo ou sa monétisation sera réactivée dans la journée.

Attention toutefois, si YouTube constate trois fois de suite que vous avez enfreint les droits d'usage de contenu ne vous appartenant pas, votre chaîne sera supprimée une fois pour toutes.

LES MEILLEURES PARODIES DE TÉLÉ RÉALITÉ

UN FAN BOOK + 3 DVD INCLUANT « SUPER TATY », « L'AMOUR EST DANS LE FOIN », « UN REPAS PRESQUE PAS FAIT » ET 40 AUTRES VIDÉOS !

ÉDITÉ PAR omaké books

LE FILM, UN DOCUMENTAIRE, DES BONUS, LA B.O
DISPOS DANS UN MAGNIFIQUE COFFRET FAN BOOK
ON LEUR A VOLÉ LEURS CORPS. C'EST PAS TRÈS SYMPA.
B.O. EN TÉLÉCHARGEMENT
LA BANDE ORIGINALE DU FILM
RAPHAËL DESCRAQUES
VINCENT TIREL
JULIEN JOSSELIN
LES DISSOCIÉS
UN FILM SURICATE
GOLDEN MOUSTACHE
omaké books